BEYHAN BUDAK

kendine iyi davran güzel insan

DESTEK
yayınları

DESTEK MEDYA GRUBU

DESTEK YAYINLARI: 1088
PSİKOLOJİ: 7

BEYHAN BUDAK / KENDİNE İYİ DAVRAN GÜZEL İNSAN

İmtiyaz Sahibi: Yelda Cumalıoğlu
Genel Yayın Yönetmeni: Ertürk Akşun
Yayın Koordinatörü: Özlem Esmergül
Editör: Özlem Küskü
Son Okuma: Devrim Yalkut
Kapak Tasarım: İlknur Muştu
Sayfa Düzeni: Cansu Poroy
Sosyal Medya-Grafik: Tuğçe Budak - Mesud Topal

Destek Yayınları: Mart 2019 (10.000 Adet)
11.-86. Baskı: 2019
87.-119. Baskı: 2020
120.-127. Baskı: Ocak 2021
128.-132. Baskı: Mart 2021
133.-135. Baskı: Mayıs 2021
136.-140. Baskı: Haziran 2021
141.-145. Baskı: Temmuz 2021
146.-151. Baskı: Eylül 2021
152.-154. Baskı: Ekim 2021
155.-159. Baskı: Kasım 2021
160.-164. Baskı: Aralık 2021
165.-169. Baskı: Ocak 2022
Yayıncı Sertifika No. 13226

ISBN 978-605-311-569-4

Abdi İpekçi Caddesi No. 31/5 Nişantaşı/İstanbul
Tel. (0) 212 252 22 42 – Faks: (0) 212 252 22 43
www.destekdukkan.com – info@destekyayinlari.com
facebook.com/DestekYayinevi – **twitter**.com/destekyayinlari
instagram.com/destekyayinlari
www.destekmedyagrubu.com

Destek Dukkan

Deniz Ofset – Çetin Koçak
Sertifika No. 48625
Maltepe Mahallesi
Hastane Yolu Sokak No. 1/6
Zeytinburnu / İstanbul
Tel. (0) 212 613 30 06

DESTEK yayınları · KARAKARGA · BEYAZ BAYKUŞ · genç DESTEK

BEYHAN BUDAK

kendine *iyi* davran güzel insan

DESTEK
yayınları

İÇİNDEKİLER

2. BÖLÜM
İlişkiler

5. BÖLÜM

Tünelin Ucundaki Işık: Değişim Anahtarı

Kitap içerisinde geçen vaka öyküleri,
gerçek vakalardan esinlenilmiş kurgusal vakalardır;
hiçbir gerçek kişiyi tarif etmemektedir.

Yazar Hakkında

İlköğretim ve lise eğitimini Ankara'da alan Beyhan Budak üniversite eğitimini İstanbul Üniversitesi Psikoloji Bölümü'nde tamamlamıştır.

Üniversite eğitimi sonrasında ilk yüksek lisans eğitimini Gazi Üniversitesi Psikolojik Danışma ve Rehberlik Bölümü'nde yapmıştır. Romantik ilişkiler üzerine yüksek lisans tezini hazırlamıştır. İkinci yüksek lisansını "Klinik Psikoloji" alanında İstanbul Esenyurt Üniversitesi'nde tamamlamıştır. Beyhan Budak evli ve iki çocuk babasıdır.

Uzun yıllar T.C. Sağlık Bakanlığı'na bağlı bir hastanede çalıştıktan sonra istifa etmiştir ve psikoterapi ve eğitim çalışmalarına kurucusu olduğu merkezde devam etmektedir.

2018 yılında Tedx Kaleiçi etkinliğinde, "O Satın Aldığın Şey Mutluluk Değil!" isimli bir konuşma yapan Beyhan Budak, birçok kurumda ve şehirde kendine yardım konularında 300'den fazla konuşma yapmıştır ve hâlâ bu konuda çalışmalarına devam ediyor. Birçok TV ve radyo programında alanıyla ilgili paylaşımlarda bulunmuş, bazı çizgi filmlere senaryo danışmanlığı yapmıştır.

Kendi danışanlarına psikolojik destek vermek dışında, birçok sebepten ötürü psikolojik yardım alamayan insanlara ulaşabilmek için kurduğu YouTube kanalında "Popüler Psikoloji" ve "Kendine Yardım" konularında videolar yayınlamaktadır. Bu kanalda yayınladığı videolar, bugüne kadar 500 binden fazla kişi tarafından 30 milyondan fazla kez izlenmiştir.

YouTube Beyhan Budak

@beyhanbudak

@beyhanbudak

Teşekkürler

Bu kitabın yazıldığı tarih itibariyle 34 yaşındayım. Ankara'dan İstanbul'a üniversite okumaya gittiğimde 17 yaşındaydım. O zamandan bu zamana geçen 17 yıl sanki bir gün gibi geliyor geriye dönüp bakınca. İnsanın hissettiği bu olsa da hiçbir şey bu kadar hızlı ve tek başına olmadı. Hayat yolunda ilerlemeye devam ederken, bu ilerlemeye katkısı olan birçok insan oldu hayatımda.

Annem ve babam, ikisi de ilkokul mezunu. Kendileri istedikleri eğitimi alamamış olsalar da kendi çocukları için ellerinden gelen bütün fedakârlıkları yaptılar. Babamdan ne zaman kitap alacağım diye para istesem, hiç sormazdı, ne kitabı alacaksın, neden durmadan kitap alıyorsun diye. İmkânları çok kısıtlı olsa da. Çizgi roman, polisiye veya korku romanları, hiç fark etmezdi babam için. Oku da ne okursan oku derdi o zamanlar. En başından bu yana maddi ve manevi desteğini hiç çekmedi üzerimden. Bu destek, kendimi ve zihin dünyamı geliştirmeme olanak sağladı. Annem bambaşka bir insan; çok duygusal ve şefkat dolu bir kadın. Bazen kendimden şikâyetçi olduğum aşırı empati özelliğimin annemden bana geçtiğini düşünmüşümdür hep. İnsanlara karşı ilgimin, onları anlamaya çalışmamın ve içimdeki hayata karşı sevginin kaynağı annemdir. Lise döneminde, bir yaz tatilinde bütün Türk edebiyatını bitirmeyi kafaya koymuştum. Kitaplar çok güzel. Her okuduğum kitapla birlikte, o dünyaya dalıyordum. Kafamı bir kaldırıyordum yanıma çay gelmiş, bir daha kaldırıyordum çay gitmiş meyveler gelmiş. Rahatsız etmeden, gelip gidip bir şeyler bırakıyordu yanıma. Öyle bir yaklaşımdı anneminki. Hâlâ öyledir annem ve babam. Şu an bile, annemin ve babamın arkamda duruşunun güvenini hissediyorum.

12 yıldır hayat arkadaşım eşim Şeyda, sanki hayat boyu berabermişiz gibi hissediyorum. Hayatımın büyük bir kısmında, bütün iyi ve kötü anlarda hep yanımda olan, hem dost hem de sevgili. Bence bir ilişkinin en temeli sevdiğin insanla konuşabilmek, konuştuğun zaman keyif alabilmek. İnsani ve mesleki anlamda bulunduğum yere Şeyda olmasaydı kesinlikle gelemezdim. Bu bir ekip işi. Çocuklarımız Efsun ve Tuna, hem bu kitabın yazılma sürecinde hem de mesleki olarak çok yoğun olduğum zamanlarda, neşeleriyle bir terapi gibi geldiler bana.

Kitabın yayıma hazırlanma sürecinde desteklerini esirgemeyen editörüm Özlem Küskü'ye, entelektüel birikimi, farklı bakış açısı ile kitabıma çok değerli katkılar sunan Tuba Başboğa'ya ve kitap yayına çıkmadan önce verdiği geribildirimlerle katkıda bulunan Tuğba Coşkuner'e teşekkürü borç bilirim.

Ve ismini yazamadığım, yolumun kesiştiği tüm insanlar. Hepimizin birbirimizin gelişimine katkısı çok büyük. Bazen iyiliklerle bazen de kötülüklerle birbirimizi geliştiriyoruz ve olgunlaştırıyoruz. Ben uzun zamandır hayatı olduğu gibi kabul ediyorum ve karşıma çıkan her insanın bana kattığı bir değer olduğunu ve bunun tesadüf olmadığına inanıyorum.

1. BÖLÜM

Başlangıç

Kötü şeyler herkesin başına gelir. Önemli olan bundan sonrası. Ya oturup durmadan kendine acırsın ya da canının acımasına rağmen kalkarsın ve yola devam edersin.

Değişim

İnsanlar bana yaralarıyla gelir. Kimisinin geçmişinden getirdiği, kimisinin çevresindeki insanların sebep olduğu, kimisinin de kendi kendine sebep olduğu ruhsal yaralardır bunlar. Ruhsal yaralar, fiziksel olanlar kadar dikkat çekici değildir. Uzun yıllar, acı vermesine rağmen kaynağının nerede olduğunu anlayamayabilirsin bile. Sadece, bu acı nereden geliyor diye sorarsın kendine. Bu yaraları iyileştirmenin ilk yolu kaynağı bulmaktır. Bu kitabın yazılma amacı yaralarının kaynağını keşfetmeni ve bunları iyileşebileceğini fark etmeni sağlamak.

Şu an bulunduğun noktaya pek çok şey yaşayarak geldin. Her şey yavaş yavaş oluştu içinde. İçine doğduğun aile, anne babanın sana yaklaşımları, sana verdikleri ya da vermedikleri sevgi, onlarla kurduğun güven ilişkin, içinde yaşadığın toplumun sana yaklaşımı, hayatının zor zamanlarında sana nasıl yaklaşıldığı, yaşadığın travmatik deneyimler, bütün bu hayat olaylarına karşı geliştirdiğin savunma mekanizmaları ve daha pek çok şey. Bütün bunların hepsi senin şu an yaşadıklarını ve hissettiklerini belirliyor. Ama sen eskisi gibi yavaş değilsin, hızlı düşünüyorsun, hızlı yaşıyorsun. Bu hızlı tempoda her şey akıp giderken yaşadığın sorunların kaynağını bulamıyor, kendine dönüp bakmak yerine çözümü dışarıda arıyorsun. Yaşadığın sorunlarla ilgili ilk yapmamız gereken, geçmişten yük olarak getirdiğin, cebindeki çakıltaşlarını fark etmeni sağlamak ve bunları derleyip toplayıp, bir kenara kaldırmak. İkinci olarak, şu anda seni olumsuz etkileyen fazlalıklardan kurtulmak. Ve en sonunda kişisel dönüşümün ve ruhsal dengenin kapısını aralamak.

Sana bir hikâye anlatmak istiyorum bu durumla ilgili:

Sürekli tek bacağı üzerinde duran bir adam varmış. Haliyle bir süre sonra adamın kasları kasılmaya ve ağırlığı çeken bacağı ağrımaya başlamış. Fakat ağrıyan sadece bacağı değilmiş. Olağandışı pozisyon, adamın tüm kas sistemini yormaya ve kasmaya başlamış. Sonunda ağrı dayanılmaz hale gelmiş ve adam yardım için bağırmış.

Yardım çağrısı üzerine birileri adamın yardımına gelmiş. Adam tek bacağı üzerinde durmaya devam ederken, yardımcı olmak için gelenlerden birisi bacağa masaj yapmaya başlamış. Bir başkası kasılan boyun kaslarını gevşetmeye çalışmış. Üçüncü yardımsever ise adamın dengesini kaybetmek üzere olduğunu fark edip destek olsun diye kolunu uzatmış. Olayı kalabalık içinde seyredenlerden biri, adamın ayakta durabilmesi için kendisini iki eliyle kavramasını önermiş. Bilge bir yaşlı, bacakları olmayan bir insana göre daha iyi durumda olduğunu söylemiş. Bir diğeri, adamın kendisini tüy olarak hayal etmesini ve ne kadar çok bu hayale yoğunlaşırsa acısının o kadar azalacağını dile getirmiş. Bir başka bilgili yaşlı adam ise “Zamanla çözüm bulunur” demiş.

En sonunda ise izleyenlerden birisi adama yaklaşmış ve sormuş: "Neden bir bacağının üstünde duruyorsun? Diğerini de uzat ve üzerine bas. Biliyorsun, bir bacağın daha var."

Güzel insan, sende olmayanı ne başka bir insanda ne de başka bir eşyada bulabilirsin. İnsan hangi yola çıkıyorsa çıksın, başlangıç noktası kendisi olmalıdır. İnsanın kendi içinden başlamayan herhangi bir girişim ve değişim çabası başarısızlıkla sonuçlanacaktır. Amacım sana bir şey öğretmek değil, bu benim haddime de değil. Ben de senden farklı değilim, hepimiz hayat yolunda yolcuyuz. Benim senin hayatındaki görevim sadece hatırlatmak. Bilip de unuttuklarını, ruhunun derinliklerinde kaybettiklerini, eksikliklerini ve fazlalıklarını hatırlatmak.

Sen kendin için bir şey yapmıyorsan kim senin için bir şeyler yapacak? Sen kendi yaralarını kendin sarmadan, kim sana yardım edebilir gerçekten? Eğer başkaları için önemli olmadığını hissediyorsan, ilkönce kendine şunu sormalısın: Ben kendim için önemli miyim?

Kendine İyi Davran Ne Demek?

Lise yıllarımda en büyük keyiflerimden biri, Ankara Kızılay'da kendime boş bir bank bulup gelip geçen insanları izlemekti. Çeşit çeşit insan geçerdi önümden. Birbirine nefes aldırmayacak kadar sıkı sıkıya sarılmış çiftler, yüzünde hayata dair hiçbir mutluluk ifadesi olmadan koştur koştur bir yere yetişmeye çalışanlar, dalgın ve avare bir şekilde dolaşanlar, gözleri parlayan ve gülen insanlar... Kendimce bir oyun oynardım;

birisini seçip giyim tarzına, mimiklerine ve davranışlarına bakarak, ne düşündüğüne, nereye gittiğine dair tahminler yürütürdüm. Benim için insanları bu şekilde incelemek inanılmaz keyifliydi. Sonrasında, çok isteyerek ve hatta ailemi bile karşıma alarak psikolog oldum. Hobi olarak yaptığım şey artık mesleğim olmuştu.

Sonra bir psikolog olarak incelemeye başladım insanları. Tam 13 yıldır da aktif ve uygulayıcı olarak devam ediyorum. Bugüne kadar yaklaşık olarak 12 binden fazla psikoterapi seansı yaptım. Bir insanın başına gelebilecek en kötü şeyleri yaşamış insanlara, zorlu süreçlerinde eşlik ettim. Dinlediğimde şaşırdığım hayat hikâyelerine tanık oldum. Bu kadar insanla bu kadar çok seans yaptıktan sonra, hâlâ iyi ki bu mesleği seçmişim diyorum kendime.

Kimisi çocukluğunda kimisi yetişkinliğinde yaşadığı küçük ya da büyük travmalar neticesinde ortaya çıkan, içinde bulunduğu ve yaşadığı olumsuz ruh halinden, psikolojik problemlerinden kurtulmak ister. Çoğu zaman bu problemlerin kaynağında hep başka insanlar vardır. Bu kadar çok insanla çalıştıktan sonra şunu net olarak söyleyebilirim sana, insanın en büyük koruyucusu kendisi.

Kendimizi hep tek kişi olarak değerlendirme eğilimindeyiz. Halbuki fiziken ve zihnen tek olsak da içimizde iki parça var, sağlıklı ben ve sağlıksız ben. Bu iki ben, her insanın içinde mevcuttur. Ama eğer sağlıksız olan "ben"in sesi daha çok çıkıyorsa, seni o yönetiyorsa, diğer tarafın ezilir, aşağılanır ve ihtiyacı olan ruhsal besinleri karşılayamaz. Bunun sonucunda içinde bir boşluk hissedersin, sıkıntı, mutsuzluk, değersizlik ve sevgisizlik sarar her yanını. Hayatın doğal zorluklarında bile, içindeki sağlıksız sen, seni suçlar. "Sen aptalsın, sen yapamadın, sevilmiyorsun işte, değersizsin, önemsizsin" der. Ve sen sağlıksız seni, kendin zannedersin, onun söylediklerini doğru kabul etmeye başlarsın... Ve sonuç, senin adına hüsran olur. Kendine iyi davran derken amaçladığım şey, sağlıklı "ben"in sesinin yükselmesini sağlamak, kendine anlayış ve şefkat göstermek konusunda pratik öneriler vermek. Olumlu yanlarını keşfederken, eksik olup da değiştiremeyeceğin şeyleri kabullenme ve iç huzurunu yakalama konusunda sana yol arkadaşlığı yapmak istiyorum. Kendine iyi davranmak çok ama çok önemli.

Çünkü sen kendine iyi davranmazsan, kimse sana iyi davranmıyor. Sen kendine iyi davranıyorsan yani ona anlayış ve şefkat gösteriyorsan, diğer insanlar kötü olsalar bile bundan çok fazla etkilenmiyorsun. Sen kendini sevmiyorsan diğer insanlar da sana, umduğun değeri vermiyor. Ve çok acıdır ki, bugüne kadar tanıdığım binlerce insanı göz önünde bulundurarak sana şunu söyleyebilirim: Bir insana en büyük zararı diğer insanlar değil kendisi veriyor.

Kendine iyi davranmak, kendini merkeze almak, bencillik ya da narsisizm değil. Her şeye hakkın olduğunu ya da hayatındaki olumsuzluklar için sorumluluk almandan kaçmanı da önermiyor. Sadece kendine hakkın olduğu şekilde, adaletli ve insancıl davranman gerektiğini söylüyor.

İşte tam bu noktada, kendine iyi davranmak öğrenilmesi ve aktif olarak uygulanılması gereken bir hayat felsefesi.

Her İnsan Güzel midir?

Bugüne kadar felsefe ve bilim, insanın doğası hakkında birçok şey söyledi. Kimisi insanın boş bir levha gibi olduğunu, kişiliğine dair her şeyi sonradan öğrendiğini, kimisi ise genetik faktörlerle bir sürü şeyi doğarken içinde getirdiğini anlattı. Birçok din, insanın doğası hakkında yorumlar yaptı, kimisi insanın günahsız doğduğunu, kimisi aksi şekilde günahkâr doğduğunu söyledi. Bu konuda hâlâ net bir birlik yok, insan doğuştan iyi midir ya da kötülükler bir şekilde içimizde mi gelir konusunda birbirinden farklı şeyler söyleniyor.

Benim kişisel gözlemlerim bana, bütün söylenenlerin hepsinin bir tarafının doğru olduğunu düşündürtüyor. Genetik olarak getirdiğimiz özelliklerimiz var, içimizde güzele de kötüye de eğilim var. Doğuştan getirdiğimiz malzeme, içine doğduğumuz çevre ile biraz daha şekilleniyor. Çıkan sonuç her ne olursa olsun, her insanın içinde güzel kalan bir taraf her daim var. Her videomun sonunda, kendine iyi davran güzel insan derken, o içimizdeki "güzel insan" olan tarafımıza sesleniyorum aslında. İnsan, içindeki sağlıklı olan tarafı yani kendi güzel insanını keşfettikçe, hem kendine hem de çevresine karşı daha iyi oluyor. Denge ve huzur içinde hayat yoluna devam ediyor.

Güzel insan olmak benim hayat niyetim. Bu niyet benim hayata bakışımın çerçevesini oluşturuyor. Bu çerçeveyi temel alarak, kendime, diğerlerine ve dünyaya yaklaşıyorum. Bu güzel niyetin beni dönüştürdüğünü hissediyorum. Niyet etmek yola çıkmak demektir. Bu yolun bir sonu yok ama sadece yolda olabilmek bile büyük bir değişim. Umarım sen de bu yola çıkarsın güzel insan.

Yola Çıkmaya ve Keşfetmeye Cesaretin Var mı?

Hayatını oluşturan bütün şeyleri bir oda gibi düşünmeni istiyorum. Bu oda öyle bir oda ki, hayatının düzenini temsil ediyor. Bu ortamdaki gereksiz eşyalar, burayı kalabalıklaştırıyor ve senin buradaki hareket kabiliyetini kısıtlıyor. Odanın içinde durduğun yerden bunalıyorsun, ileri geri hareket etmek istiyorsun ama hareket edecek yer kalmamış hiç, bir şansımı deneyeyim diye sağa sola bakınıyorsun ama her yer eşya dolu. Kendi kendine söyleniyorsun, ne ara aldım bu kadar eşyayı diye. İşte bu eşyalar, senin hayatından çıkarman gereken, sana zarar veren alışkanlıklarını, düşüncelerini, davranışlarını ve hatta ilişkilerini temsil ediyor. Yıllar içinde o kadar çok biriktirmişsin ki bu tür şeyleri, bugün hayatını temsil eden oda çöp eve dönüşmüş durumda ve sana hareket imkânı vermiyor.

İçinde bulunduğun ruh halinden kurtulmak, daha iyi ve canlı hissetmek istiyorsun biliyorum. Ama hayatın aynen biraz önce bahsettiğim gibi karmakarışık ve fazlalıklarla dolu. Bunları ortadan kaldırmadan, sence ortaya çıkan iyilik hali ne kadar kalıcı olabilir ki? Bu odayı düzenlemeden kendini zorlayarak belki de birazcık gaza gelerek sadece geçici bir süre iyi hissedebilirsin. İşte bu kitabın amacı tam olarak bu odayı düzeltme konusunda sana bazı farkındalıklar kazandırmak. Sana mucizelerden bahsetmeyeceğim, sadece bildiğin ama hayat yolunda bir yerlerde unuttuğun şeyleri sana hatırlatacağım. İlk adım bu fazlalıklarla dolu odada, bize zarar veren şeyleri keşfetmek. Seni engelleyen ve dibe çeken şeyleri keşfettikçe, bugüne kadar neden tam anlamıyla huzurlu olamadığını, gerçek potansiyelini ortaya koyamadığını fark edeceksin. Bazen ilaç niyetine hayatına aldığın şeylerin seni nasıl zehirlediğini göreceksin. Hayatındaki fazlalıkları fark ettikten sonra diğer aşamada seni daha iyi noktalara getirecek yeni becerilerden bahsedeceğim. Ve bütün bunlardan sonra sıra sana gelecek, yani senin bunları hayatına uygulamana. İşte o zaman değişimi hissedeceksin.

Bu kitabı okurken senden birkaç ricam olacak. Ben özellikle bu kitabı yazarken, sadece bir kişi için yazıyormuşum gibi düşündüm; sadece sen ve ben sohbet ediyormuşuz gibi. Kitabı okuma sürecinde dikkatinin sadece bu sohbet üzerinde olmasını temenni ederim, akışın bozulmaması için. Bundan dolayı kitabı okuduğun anlarda, cep telefonunu uzanamayacağın bir yere koymanı ve telefonunun sosyal medya bildirimlerini kapatmanı istiyorum. Günümüz insanı, neredeyse her sayfada birkaç kez sosyal medya hesaplarını kontrol ediyor. Bu da senin bu kitaptan alacağın verimi ciddi anlamda düşürecektir. Bir defter edinmeni istiyorum. Kitapta bazen ödevler vereceğim sana, bunları not etmek için deftere ihtiyacın olacak. İstediğim bir diğer şey de, lütfen bu kitaba kibar davranma. Eline kalemi al, sana çağrıştırdıklarını kenarlara not al, önemli gördüğün satırların altını çiz bolca, hiç acıma:) Ve kitap bittikten sonra bu notlara, altını çizdiğin yerlere bir göz gezdir, bu sana farklı bir okuma deneyimi yaşatacak.

Eğer hazırsan içinde yaşadığın odayı/hayatı keşfetmek için yola çıkalım mı?

Yavaşlamazsan Sorunun Kaynağını Fark Edemezsin

Hayat hepimiz için çok hızlı akıyor; düşünceler, olaylar, anılar, ilişkiler. Her biri ardı ardına geliyor. Görünüşte her şey normal. Çünkü herkes benzer şekilde yaşıyor. Herkes koşturmaca içinde, herkes dışarıdan çok mutlu görünüyor. Sen de bazen böyle hissediyorsun, çok mutlu yani. Ama bu anlık yükselişler kısa sürüyor. Ve her seferinde bu defa olacak mı diye heyecanlanıyorsun belki de, bu sefer gerçekten ben de diğer insanlar gibi her daim mutlu olacağım diye düşünüyorsun. Ama kısa sürüyor bu parlamalar. Ve her geçen gün daha da gürleşen acımasız bir ses yükseliyor içinden: "Olmayacak, mutlu olamayacaksın." Bu sesi duyduğun anda çok kötü hissediyorsun ve hemen kendine oyalanacak bir şeyler buluyorsun.

Arkadaşlarınla beraber kahve içiyorsun. Kahveni yudumlarken, diğerlerini izliyorsun ve onlar hakkında düşünüyorsun: Selin; yeni çocuğu oldu. Her buluşmanızda, çocuğunu anlatıyor durmadan. Çocuğunun normal olan her gelişimini, sanki sadece kendi çocuğuna özel bir mucizeymiş gibi anlatıyor. Durmadan çocuğunun her an, her şekilde ve garip nesnelerle çekilmiş fotoğraflarını gösteriyor sana. Bir an çocuğa üzülüyorsun; onun yerinde olmak istemezdim diye geçiyor içinden.

Suat, işlerini büyütme aşamasında. Durmadan işlerinden bahsediyor. Nerede, ne kadar kazandığından, nasıl da büyük iş fırsatları yakaladığından dem vuruyor. Aldığı son model arabanın özellikleri gerçekten çok farklı, yeni aldığı evinin fotoğraflarını gösteriyor. Bunları anlatırken, Suat'ın gözlerinin parladığını fark ediyorsun.

Dilara, en eski arkadaşın. Çok güzel bir kadın. Sevgilisiyle beraber fırsat buldukça, farklı şehirlere, farklı ülkelere gidiyorlar. Sosyal medyadan takip ediyorsun onu. Her anları o kadar güzel görünüyor ki. O an içinde bir sıkıntı hissediyorsun. Herkes nasıl da başarıyor bu kadar mutlu olmayı, nereden buluyorlar bu enerjiyi? Ve o duymak istemediğin ses yine ortaya çıkıyor, sanki bu sefer biraz daha gür gibi: Sen başaramıyorsun, sen beceriksizsin, ne zaman mutlu olmayı başardın ki? Sen de içindeki sese hak veriyorsun, *"Haklı belki de. Ben yapamıyorum. Eğer hayat konusunda başarılı biri olsaydım ben de onlar gibi olurdum, yani çok daha mutlu."*

Ama bilmediğin bir şey var: O masada oturan her kişi, diğer üç kişi hakkında benzer şeyleri düşünüyor. Kendimizde eksik olan iyiyi fark ediyoruz diğerlerinde. Ve diğerlerinin ne kadar da mutlu olduğunu. *"Ben hariç herkes ne kadar da mutlu!"* Bu çok acı bir şey, düşünsene, sanki hayatın gizli bir formülü var. Herkes onu bulmuş gibi görünüyor ama sen bulamamışsın. Çaktırmamaya çalışıyorsun ama için içini yiyor, bende bir yanlışlık var, ben eksiğim diye. Bu duygunun arkasından ortaya panik duygusu çıkıyor, çözmeliyim bu problemimi diyorsun. Ve hızını hiç kesmeden çözüm arayışı başlıyor.

Mutlu olma arayışı, yeni bir şey değil. Belki de binlerce yıldır insanların peşinden koştuğu bir gizem. Bundan dolayı günümüzde de bu yolda olan insanlar için birçok öneri, birçok yol var. Her yerde karşına çıkan reklamlar, satın aldıkça mutlu olacağını, dolaylı yoldan iddia ediyor. Aldığın kıyafetler seni ilgi çekici, bindiğin araba, taktığın saat saygıdeğer, geridönüşüm malzemelerinden yapılmış defterin seni çevreye duyarlı birisi yapıyor. Bir şeyler alarak, seni, kafandaki mutlu insan şablonuna ulaştıracak ekipmanları tamamlamaya çalışıyorsun. Satın aldıkça bir süre mutlu oluyorsun. Kafandaki mutlu insan şablonunu bir süreliğine yaşıyorsun. Evde akşam vakti otururken, sonunda herkesin bulduğu o mutluluk sırrını keşfettiğini düşünüyorsun. Dudaklarında müstehzi bir gülümseme, iç rahatlığıyla yatağına gidiyorsun, uykuya dalıyorsun. Ertesi sabah uyandığında, içinde çok tanıdık ama tatsız bir his var; yine olmadı diyorsun. Hemen satın aldığın şeye yöneliyorsun ama satın aldığın şeyin sadece bir eşya olduğunu fark ediyorsun. Akşam hissettiğin o büyülü hissin yerinde yeller esiyor. Ve olağan hayatına devam ediyorsun.

İçindeki huzursuzluk geçmedi, bir şeyler eksik gibi hissediyorsun hâlâ. Yeni arayışlara giriyorsun ve en büyük kaynağın diğer insanların yaptıkları. Bakıyorsun insanlar yaşadıkları yerden uzaklaşıyorlar, çok fazla geziyorlar, görmedikleri yerleri keşfediyorlar. Evet bu benim de çözümüm olabilir diyorsun. Ve sen de imkânların dahilinde gezmeye başlıyorsun. İlk anlar güzel gibi geliyor, sen de güzel güzel, bol tebessümlü fotoğraflarını paylaşıyorsun. İlk baştaki o coşkulu hal, bir süre sonra rutine, daha sonrasında ise sıkıcılığa dönüşüyor. Acaba başka şehirlere başka ülkelere taşınsam nasıl olur diye düşünüyorsun ve hatta belki bunu eyleme dönüştürüyorsun. Ama bir süre sonra sen, yine aynı sen. Yine olmadı, olağan hayat devam.

O tatsız şeylerin sesinin seni rahatsız ettiği bir günde aynanın karşısına geçiyorsun ve kendine bakıyorsun. Yüzüne, vücuduna, göbeğine, burnuna, bacaklarına bakıyorsun uzun uzun ve gördüklerini hiç beğenmiyorsun. Her yerde gördüğün o güzel vücutlar nerede, bu vücut nerede? Belki işi daha ileri götürüp kendinden tiksiniyorsun. Böyle bir vücudu olan bir insan nasıl mutlu olabilir ki? Ve yeniden denemek için yola çıkıyorsun, bedenine kafayı takıyorsun. Kilo vermelisin, daha güzel, daha yakışıklı olmalısın. Spora başlıyorsun, yoğun diyet programları deniyorsun. Ama bu süreçte de iki kişi gibi oluyorsun. Birisi kilolu ve çirkin bedenini temsil eden benliğin, diğeri ise içindeki acımasız sesin, patrona dönüşmüş hali. O patron benlik, diğer tarafına çok acımasız davranıyor. "Ne kadar iğrençsin görmüyor musun?" diyor. "Ne kadar çok yiyorsun, doymayı bilmiyorsun, tabii kimse seni sevmez" diyor. Öbür tarafın çırpınıyor durmadan, başarmak için. Ama bir süre sonra acımasız patrona dayanamıyor ve bırakıyor kendini. Ve bu sefer kendini daha da kötü hissediyorsun, hem önceki mutsuzluğun hem de şu an yaşadığın başarısızlık hissi var bu sefer. Sonrasında estetik ameliyatlara yöneliyorsun, "Burnum düzelirse hayatımda her şey bambaşka olacak, göğüslerim biraz daha büyük olsaydı her şey mükemmel olacaktı" diye düşünüyorsun. Ve estetik ameliyatlara yöneliyorsun, bize dayatılan güzellik normlarında bir buruna ve göğüslere sahip oluyorsun. Bir süre yine çok iyi hissediyorsun kendini, sonra o tatsız hissiyat yavaş yavaş tekrar geliyor. Zaten hissettiklerin yeterince rahatsız ediciyken bir de bu girişimlerinin sonuçsuz kalması daha kötü hissettiriyor sana.

Bu girişimlerinin arasında dikkatini çekmek istediğim bir şey var. Her girişimin devam etme süresi ve ondan aldığın haz her seferinde azalmaya başlıyor. İlk başta denediğin şeyler, seni birkaç gün iyi hissettirebilirken, her denemeyle birlikte aldığın haz gitgide azalmaya başlıyor. Bir şeylerin düzeleceğine yönelik inancını kaybetmek, seni sabırsız ve öfkeli hale getirebiliyor. İçinden her seferinde şunu diyorsun belki de: Sana son bir şans daha, hallettin hallettin yoksa ben yapacağımı bilirim.

Mutlu olma yolundaki arayışın sürerken, durduğun en önemli duraklardan biri de ilişkiler oluyor. İlk olarak hayatına aldığın ya da alacağın insanın her şeyin çözümü olduğunu düşünebiliyorsun. Kafanda bir mükemmel erkek/kadın şablonu oluşuyor, bu şablon senin geçmişinde yaşadıkların ve yaşayamadıklarının karışımı oluyor. Kendince bir hayali kahraman oluşturuyorsun zihninde ve karşına birisi çıktığı zaman, zihnindeki hayali kahramanın kıyafetlerini giydiriyorsun karşındaki insana. O da sana benzerini yapıyor belki de. "Evet aradığımı buldum" diyorsun. "Her derdime çare olacak, bana her şeyi unutturacak hayat ilacım çıktı karşıma." Ama bir insana bu kadar büyük roller vermek, hem seni hayal kırıklığına uğratacak hem de ilişkiyi olumsuz etkileyecektir. Zihninde oluşan hayalle gerçeğin arasındaki fark ne kadar fazlaysa, hayal kırıklığın da o kadar yoğun olacak.

Bazen de çevrendeki insanları ümit ışığı olarak görüyorsun, bağlanıyorsun onlara. Onlar için var olmaya başlıyorsun, onlarla beraber mutlu, onlarla beraber mutsuz oluyorsun. Sanki çevrendeki bu insanlar senin canına can katıyor, hayat ışığın oluyor, onlar olmayınca ruhun bedeninden çalınmış gibi hissediyorsun. Ama sonuçta herkesin kendi hayatı ve seninle aynı yönde olmayan öncelikleri olabiliyor. Senin onları önemsediğin kadar onlar seni önemsemiyor da olabilirler. Ve bu durumu fark ettiğinde canın yanıyor, hayal kırıklığına uğruyorsun.

Boş Bardak

İçinde temsili bir bardak olduğunu hayal edelim. Bu bardak, senin hayatta yaşadığın olumsuz olaylar neticesinde ortaya çıktığını hayal ettiğimiz zehirli bir sıvıyı içinde tutuyor ve bir şekilde vücudundan atılmasını sağlıyor. Vücudunda bir nevi merkez gibi çalışıyor. Ancak bu temsili bardağın kapasitesi herkeste aynı değil, doğuştan getirdiğimiz mizaç özelliklerimiz bardağın kapasitesini etkiliyor. Mizacımız nedeniyle kiminin bardağı büyük, kiminin bardağı ise daha küçük. Bardağın doğuştan gelen özelliklerini ve kapasitesini değiştiremiyoruz. Eminim çevrende, dünya başına yıkıldığı zaman dahi hiç umurunda olmayan insanlarla ya da çok önemli olmayan konular için bile çok fazla üzülen insanlarla karşılaşmışsındır. İşte bu kısım biraz doğuştan getirdiğimiz özelliklerle ilgili. Ancak bardağın bütün farklılıklarına rağmen, herkeste aynı olan ortak bir özellik var: Tahliye kanalları. Bu tahliye kanallarını, bardak taşma noktasına gelmeden önce, bardağın taşmasını engellemek için zehirli sıvıyı bardağın dışına aktaran kanallar olarak hayal edebiliriz. Hangi mizaca sahip olursa olsun kişi, onun bardağında da tahliye kanalları vardır. Bu kanallar, yaşadığımız olumsuz olaylar neticesinde duyguları dışarı aktarmamızı sağlayan yöntemleri temsil eder. Yani diyelim ki, sana yapılan haksızlıklar neticesinde hissettiğin adaletsizlik duygusunu ifade etmen, bazen öfkeni göstermen, duygularını boşaltman kullanacağın bazı yöntemler arasındadır.

Fakat içinde büyüdüğün aile, okul ortamı ve yaşadıkların neticesinde bardağın tahliye kanalları tıkanmış olabilir. Kendini ifade etmeye kalkıştığın zaman susturulmuş, sorunları yok sayman öğütlenmiş, itirazların ciddiye alınmamış olabilir. Bazen de su gibi muhtaç olduğun sevgi ebeveynlerin tarafından, bazı koşullar neticesinde sunulmuştur; olduğun gibi değil de benim istediğim gibi olursan seni severim gibi. Bu ve buna benzer sebeplerden dolayı, olumsuz bir şey yaşasan da, itiraz edemezsin, yapılan maddi manevi haksızlıklar karşısında susarsın. Susman bunu kabullendiğin anlamına gelmez, sadece o kadar uzun zamandır sesin çıkmamıştır ki, böyle bir becerin olduğunu bile hatırlamıyorsundur. Sana karşı yapılan haksızlıklar, sınırlarına girilmesi veya kötü davranılması konusunda kötü bir şey hissetmiyor gibisindir, her şey yolunda gibi gelir. Hatta bu tür durumları kendin istiyormuşsun da o sebeple öyle davranıyormuşsun gibi gelir. Seni kullanan insanları geri çeviremiyorsundur ama bu sana göre yardımseverliktir, birisi senden sana zarar verecek bir şey istediğinde yaparsın, "Ne olur yapsam elime mi yapışacak?" diye düşünürsün. Ama bu olumsuz deneyimlerin her biri birer damla şeklinde içindeki bardakta birikmeye devam eder. Ve günün birinde, bardak taşma noktasına gelir, ama sen kendini ifade edemediğinden hatta bu becerini kullanmayalı yıllar olduğundan tahliye kanalların tıkanmıştır. Ve o an olan olur, bardak taşar ve içindeki o zehirli sıvı etrafa akmaya başlar. Bu durumda, vücudun ve zihnin kendini bu zehirli sıvıdan korumak için alarmları çalıştırır. Bu alarmlar sana direkt olarak bir şey söylemez, "Bak böyle bir sorundan dolayı böyle şeyler yaşıyorsun" demez, dolaylı yoldan sinyaller gönderir.

İki türlü alarm vardır: Bedensel ve psikolojik alarmlar. Bedensel alarmlar, psikosomatik dediğimiz psikolojik kaynaklı rahatsızlıklardır. Bunlar geçmeyen baş ve vücut ağrıları, mide ve cilt sorunları ya da saç dökülmesi gibi problemler olabilir. Psikolojik alarm olarak panik bozukluk, kaygı bozukluğu, maskeli depresyon ve obsesif kompulsif bozukluk gibi psikolojik problemler sayılabilir. Bu problemlerin ortak özelliği, bir alarm niteliği taşıyor olmalarıdır. Hepsinin ortak mesajı şudur: "Hayatında düzeltilmesi gereken bir problem var, bunu çözmelisin!" Ama çok az insan bu alarmların taşıdığı mesajı anlayabilir. Birçok insan sadece işin yüzeysel kısmıyla ilgilenir, doktor doktor gezer, bir sürü ilaç kullanır bu rahatsızlıkları bastırmak için. Ancak alarm kesintisiz olarak çalmaya devam eder. Sana bir örnek vermek istiyorum bu konuyla ilgili.

Uzun zaman önce, panik atak sebebiyle bir danışanımla psikoterapiye başladık. Ben rutin olarak danışanımın hayatıyla ilgili detayları öğrenmeye çalışıyordum. Bu kişi, yaklaşık beş yıl önce bir kalp krizi sebebiyle aniden babasını kaybetmişti. Genelde ani ölümler daha travmatik olduğu için sorma ihtiyacı hissettim danışanıma:

"Babanızın ölümü nasıl hissettirdi size?"

Böyle bir soruya şaşırdığını gösteren bir yüz ifadesi ile konuşmaya başlamıştı.

"Ben çok güçlü bir adamım Beyhan Bey, babam öldüğünde bile ağlamadım. Hatta kendim bile şaşırmıştım bu duruma. Ama nasıl hissettiğimi hatırlamaya çalışınca, nedense aklıma hiçbir şey gelmiyor."

"Sizce de garip değil mi bu durum? Ben kalemimi kaybetsem üzülürüm, siz babanızı kaybetmişsiniz ve üzülmemişsiniz."

Sonraki süreçte, bu danışanımın babası ile ilgili duygularını bastırdığını, yasını hiç tutmadığını ve bu bastırılan duyguların sonrasında panik atak için bir zemin oluşturduğunu keşfettik. Bu danışanım, yaşadığı panik atak probleminin bir alarm olduğunu anladı ve içindeki bardakta biriken zehirli sıvıyı tahliye kanallarını açarak boşalttı.

İçinde temsili bir bardak olduğunu bilmelisin ve bu bardağın ne durumda olduğunu ara ara kontrol etmelisin. Eğer ki, biraz önce bahsettiğim alarm örneklerine benzer alarmlar varsa hayatında belki de bardağın çoktan dolup taşmıştır. Ve bu durumu yaşayan insanların birçoğu yıllar boyunca o bardağın taştığından habersiz yaşayıp gitmektedir.

Tercih mi Zorunluluk mu?

Diğer insanlar için yaptığımız iyi şeylerin bizim tercihimiz olması gerekir. Tercih değil de zorunluluk olarak yaptığımız iyi şeyler de, içimizdeki bardağın dolmasına sebep olabilir. Tercihten kastettiğim şey, aksini de seçebilecekken iyi bir şekilde davranmayı seçmektir. Örneğin, sokakta gördüğün bir dilenci senden para istediği zaman, istesen çok rahatlıkla onu geri çevirebilecekken sen böyle yapmayıp, ona yardım etmeyi tercih edersin. Bir arkadaşın o akşam bir konuda senden yardım etmeni ister, onu reddedebilecekken reddetmeyip yardım etmeyi seçersin. Burada dikkat etmen gereken önemli nokta yaptığın iyi şeylerin bir tercih olması gerektiğidir. Şimdi aynı senaryolara farklı bir şekilde bakalım, ne dersin?

Dilenci senden yardım ister, ama sen bazı sebeplerden dolayı onun dolandırıcı olduğunu hissedersin, ancak onu geri çeviremediğinden dolayı ya da birisini geri çevirmenin kötü bir insan olduğun anlamına geleceği korkusu ile ona yardım edersin. Arkadaşın aslında çok da gerekli olmayan bir konuda, seni akşam yardıma çağırdığında, o akşam evde kendine zaman ayırmak istemişsindir ancak hayır demek seni çok rahatsız ettiği için ya da eğer onu reddedersen seni eskisi gibi sevmeyeceğinden korktuğun için yardıma gidersin.

Bir davranışın tercih mi zorunluluk mu olduğunu anlamanın en temel yolu kendine "Yapmak zorunda hissettiğim şeyin aksini de, istesem aynı rahatlıkla yapabilir miydim?" sorusunu sormandır. Eğer ki bu soruya verdiğin cevap hayırsa, sen iyi görünen şeyleri öyle yapman gerektiğini öğrendiğin için ya da başka şekilde davranırsan insanların senin hakkındaki olumsuz düşüncelerinden korktuğun için yapıyorsun demektir. Ve zorunluluk olarak yaptığın şeyler, bazen iyi şeyler de olsa, seni fazlasıyla yoracak ve bardağın hızla dolmasına neden olacaktır.

Diğer insanlar için yaptığın iyi şeyler konusunda dikkatli olmalısın. Çünkü iyi şeyler yapma arzumuz yani merhamet kapasitemiz sonsuz değildir. Eğer bu kapasitemizi olur olmadık yerde ve kişilerde kullanırsak, hem kendimiz hem de çevremizdekiler gerçekten merhametimize ihtiyaç duyduğunda yanıt veremeyebiliriz.

Birleşik Bardaklar Kuralı

Fizikte Birleşik Kaplar Kuralı vardır. Bu kurala göre, kaplar birleşikse, kaplardan herhangi birine konulan sıvı diğerleriyle arasında fark oluşturmaz, suyun seviyesi eşitlenir. Bu prensip sadece fizikte değil, kişisel hayatımızda da mevcuttur. İçimizdeki bardak bütün hayatımızdaki olumsuzlukları temsil ediyordu. Bunu biraz daha detaylandırarak hayatımızın her alanı için bir bardak oluşturabiliriz. Sosyal ilişkiler, aile ilişkileri, romantik ilişkiler, iş, kişisel farkındalığımız gibi her alan için bir bardak oluşturabiliriz. Ancak başta söylediğim gibi her bardak birbiriyle bağlantılı, aşağıdaki şekilde gördüğün gibi.

Birleşik Bardaklar Kuralı

Şimdi diyelim ki iş hayatında çok başarılısın, verdiğin her emeğin karşılığını fazlasıyla alıyorsun. Bu senin iş ile ilgili bardağının boş olduğu anlamına gelir. Aile konusunda, sosyal ilişkiler veya romantik ilişkiler konusunda da sorunlar yok, bu bardakların da hepsi boş. Ancak kişisel anlamda kendini çok değersiz görüyorsun. Buradaki bardak neredeyse taşacak seviyeye gelmiş durumda. Birleşik Bardaklar Kuralı'na göre, bir bardaktaki yüksek seviye, diğer bardaklarda ciddi sorunlara belki de taşmalara neden olacaktır, bir bardaktaki artma, diğer bardakları da dolduracaktır. Örneğimize tekrar dönelim, kendini değersiz hissediyorsan, sevilmeye layık biri olmadığını düşünüyorsan, başarısız görüyorsan bu durum senin aile ilişkilerini, romantik ilişkini ve sosyal ilişkilerini de olumsuz etkileyecektir. İş hayatındaki başarılarının tesadüfi olduğunu düşünürsün ve başarılarının tadını çıkartamayabilirsin, romantik ilişkinde yeterince ilgi görmediğini düşünürsün ve tedirgin olabilirsin.

Burada önemli olan konu, sorunlu olan asıl bardağı keşfetmendir. Birçok insan birincil sorunun üzerine değil de birincil sorunun ortaya çıkardığı diğer sorunların üzerine gider. İkincil sorunlar için bu durum geçici çözümler üretebilir ancak temel sorun halledilmediği müddetçe diğer sorunlar tekrarlayacaktır.

Hayatında Saklanmış Fili Bulmak

Seni derinden etkileyen en temel sorunu hayatında saklanmış bir file benzetebilirim. Bu temel sorun tıpkı bir fil gibi o kadar büyüktür ki çok uzun zamandır hayatında olduğu halde sen onu hayatının bir parçası zannedersin. Sorunun kaynağının o olacağı hiç aklına gelmez. Bazen tam olarak gözünün önündedir ama sen yine de göremezsin. Hayatındaki fili keşfetmek için yapabileceğin ilk şey hayat alanlarını tek tek kontrol etmektir; çevrendeki insanlardan başlayıp, onlarla kurduğun ilişkilere, yaptığın işten yapmak isteyip de yapamadıklarına, aile ilişkilerinden maddi durumuna, hayallerinden beklentilerine kadar her şeyi gözden geçirmelisin. Bunları gözden geçirirken, uzun zamandır çözüme ulaşmamış olan, üzerine düşündüğün zaman sana rahatsızlık hissettiren konulara özellikle dikkat etmeni, üzerinde fazlaca durmanı öneririm.

Bazen yakınlık körlüğü dediğimiz şey ortaya çıkar, kişi kendine o kadar çok yakındır ki, kendindeki problemlerin farkında değildir. Burada da sağduyusuna ve bize olan yakınlığına güvendiğimiz bir iki insandan geribildirim almak işe yarayabilir.

Fili keşfetmek için bir dedektif gibi çalışman gerekecek ve biraz da yorulacaksın ama yorulmana değecek. Geçmişin değerlendirmesini yaptıktan sonra günceli de değerlendirmelisin. Özellikle tarif edemediğin, sana rahatsızlık veren iç sıkıntıları, gerginlikler ne zaman, nerede ve ne yaparken ortaya çıkıyor? Böyle zamanlarda, bu anları iyi takip etmen ve kendi içine dönmen gerekir. Çünkü her zaman bu tip sıkıntıların çıkmasına neden olan bir tetikleyici vardır. Tetikleyici, sıkıntının çıktığı yer, zaman, kimlerle birlikte olduğunla ve o an ne yaptığınla ilgili olabilir.

Bu bölümde bahsettiğim, hayatındaki fili bulmak konusunda yapacağın zihinsel çalışmaları, kitabın başında almanı istediğim defterde yapman çok daha iyi olacaktır. Düşünceler bulut gibidir, hem dağılır hem de uçar gider, yazmak senin organize düşünmeni sağlayacaktır.

Hiçbir Mutluluk ve Acı Kalıcı Değildir

Hayat kimse için düz bir çizgiden ibaret değildir. Herkesin hayatında bazen inişler bazen de çıkışlar olur. Ancak insan sadece yaşadığı ana hapsolunca, hayatının tamamını, içinde bulunduğu durumdan ibaret zannedebilir. Birçok kişi hayatının mutlu dönemlerinde böyle bir sorgulamaya girişmiyor ancak ne zaman ki düşüşler olmaya başlıyor işte o zaman, insan yaşadığı olumsuz dönemin hayatının tamamı olduğunu zannediyor.

Yaşadığın problemin geçici mi ya da kalıcı mı olduğuna yönelik inancın, o problemin sende yarattığı etkiyi çok değiştirecektir. Bunu sana daha iyi anlatabilmek için bir örnek vermek istiyorum. Bir yanlış anlaşılmadan dolayı işlemediğin bir suç sebebiyle tutuklanıp hapse düştün. Ancak senin elinde suçsuzluğunu ispatlamak için çok sağlam kanıtlar var. Böyle bir durumda, içine düştüğün hapishane, olumsuz fiziksel koşulların verdiği rahatsızlık haricinde seni çok kötü etkilemeyecektir. Ertesi gün durumunu ispat edeceğini ve sıcak yuvana, ailene döneceğini düşünürsün. Sen bunları düşünürken, koğuşun diğer tarafında uyuklayan adam gelir ve neden buraya düştüğünü sorar sana, sen de kısaca durumu anlatırsın. Adam da sana, ben de aynı durumdan dolayı buraya düştüm, her şeyi ispatlamama rağmen altı yıldır hâlâ buradayım der. Bunu duyduktan sonra, aynı ortam bu sefer sana inanılmaz rahatsızlık vermeye başlar, kendini çok kötü hissetmeye başlarsın. Fiziksel anlamda hiçbir şey değişmemesine rağmen, sadece ortadaki umudun kayboluşu bütün hissedilenleri değiştirmiştir.

Bizi kötü etkileyen şey, hayatımızdaki küçük ya da büyük olumsuz olayların etkisinden daha çok yaşadığımız kötü şeylerin hiç geçmeyeceği inancıdır. İnsan bu yanlış inanca kapıldığı zaman, kendi zihninde bir hapishaneye girmiş gibi olur, yaşadığı olumsuz olaya çok daha fazla üzülür. Fakat insan ne kadar kötü şeyler yaşarsa yaşasın, ilk olarak zihin devreye girer ve her duruma aynı ölçüde üzülmene izin vermez. Çünkü hem hayatın laneti hem de en büyük güzelliklerinden biri olan alışma hali devreye girer. İyi ya da kötü her şeye bir süre sonra alışmaya başlarsın. İyi olan sana ilk zamanlardaki gibi haz vermez, kötü olan da seni ilk zamanlardaki kadar üzmez.

Dolayısıyla bu hayatta hiçbir mutluluk ve acı kalıcı olarak devam etmez. Bu durumu çok güzel izah eden bir hikâye anlatmak istiyorum sana.

Dervişin biri, uzun ve yorucu bir yolculuktan sonra bir köye ulaşır. Karşısına çıkanlara, kendisine yardım edecek, yemek ve yatak verecek biri olup olmadığını sorar. Köylüler, kendilerinin de fakir olduklarını, evlerinin küçük olduğunu söyler ve Şakir diye birinin çiftliğini tarif edip oraya gitmesini salık verirler. Derviş yola koyulur, birkaç köylüye daha rastlar. Onların anlattıklarından, Şakir'in bölgenin en zengin kişilerinden biri olduğunu anlar. Bölgedeki ikinci zengin ise Haddad adında bir başka çiftlik sahibidir. Derviş, Şakir'in çiftliğine varır. Çok iyi karşılanır, iyi misafir edilir, yer içer, dinlenir. Şakir de, ailesi de hem misafirperver hem de gönlü geniş insanlardır... Yola koyulma zamanı gelip Derviş, Şakir'e teşekkür ederken, "Böyle zengin olduğun için hep şükret" der. Şakir ise şöyle cevap verir: "Hiçbir şey olduğu gibi kalmaz. Bazen görünen, gerçeğin kendisi değildir. Bu da geçer..."

Derviş, Şakir'in çiftliğinden ayrıldıktan sonra bu söz üzerine uzun uzun düşünür. Birkaç yıl sonra, Derviş'in yolu yine aynı bölgeye düşer. Şakir'i hatırlar, bir uğramaya karar verir. Yolda rastladığı köylülerle sohbet ederken Şakir'den söz eder. "Ha o Şakir mi?" der köylüler. "O iyice fakirleşti, şimdi Haddad'ın yanında çalışıyor." Derviş hemen Haddad'ın çiftliğine gider, Şakir'i bulur. Eski dostu yaşlanmıştır, üzerinde eski püskü giysiler vardır. Üç yıl önceki bir sel felaketinde bütün sığırları telef olmuş, evi yıkılmıştır. Toprakları da işlenemez hale geldiği için tek çare olarak, selden hiç zarar görmemiş ve biraz daha zenginleşmiş olan Haddad'ın yanında çalışmak kalmıştır. Şakir ve ailesi üç yıldır Haddad'ın hizmetkârıdır. Şakir, bu kez Derviş'i son derece mütevazı olan evinde misafir eder. Kıt kanaat yemeğini onunla paylaşır... Derviş, vedalaşırken Şakir'e olup bitenlerden ötürü ne kadar üzgün olduğunu söyler ve Şakir'den şu cevabı alır: "Üzülme... Unutma, bu da geçer..."

Derviş gezmeye devam eder ve yedi yıl sonra yolu yine o bölgeye düşer. Şaşkınlık içinde olan biteni öğrenir. Haddad birkaç yıl önce ölmüş, ailesi olmadığı için de bütün varını yoğunu en sadık hizmetkârı ve eski dostu Şakir'e bırakmıştır. Şakir, Haddad'ın konağında oturmaktadır, kocaman arazileri ve binlerce sığırı ile yine yörenin en zengin insanıdır. Derviş eski dostunu iyi gördüğü için ne kadar sevindiğini söyler ve yine aynı cevabı alır: "Bu da geçer..."

Bir zaman sonra Derviş yine Şakir'i arar. Ona bir tepeyi işaret eder. Tepede Şakir'in mezarı vardır ve taşında şu yazılıdır: "Bu da geçer." Derviş, "Ölümün nesi geçecek?" diye düşünür ve gider. Ertesi yıl Şakir'in mezarını ziyaret etmek için geri döner; ama ortada ne tepe vardır ne de mezar. Büyük bir sel gelmiş, tepeyi önüne katmış, Şakir'den geriye bir iz dahi kalmamıştır...

O aralar ülkenin sultanı Mahmut, kendisi için çok değişik bir yüzük yapılmasını ister. Öyle bir yüzük ki, mutsuz olduğunda umudunu tazelesin, mutlu olduğunda ise kendisini mutluluğun tembelliğine kaptırmaması gerektiğini hatırlatsın... Hiç kimse sultanı tatmin edecek böyle bir yüzüğü yapamaz. Sultanın adamları da bilge Derviş'i bulup yardım isterler. Derviş, sultanın kuyumcusuna hitaben bir mektup yazıp verir. Kısa bir süre sonra yüzük sultana sunulur. Sultan önce bir şey anlamaz; çünkü son derece sade bir yüzüktür bu. Sonra üzerindeki yazıya gözü takılır, biraz düşünür ve yüzüne büyük bir mutluluk ışığı yayılır: "BU DA GEÇER YA HU" yazmaktadır.

Aynı Tür Sorunları Yaşıyorsun

Olumsuz şeyler yaşamak insan olmanın bir parçasıdır, doğal olarak hayatta bizi üzecek şeylerden tamamen kurtulmamız mümkün değil. Böyle bir şey mümkün olsaydı, sanırım şu anki anladığımız anlamda insan olmazdı. Bir insanın ömrü boyunca başına birçok kötü olay gelebilir ancak bu kötü olaylar sayıca ne kadar fazla olsalar da, tür olarak birbirlerine benzerler. Eğer hayat boyu yüzlerce kötü olay yaşanıyorsa, bunların türü onu geçmez diyebilirim. Yani aslında birbirine benzer şeyleri, zamansal, mekânsal farklarla ve farklı insanlarla yaşıyorsun. Bu türler konusunda örnek vermek gerekirse, başarısızlık, kayıp, haksızlığa uğrama, ayrılık, belirsizlik gibi başlıkları sayabiliriz. Bu başlıklarda yaşadığımız olaylarda bir şekilde zorlanırız ancak, bir süre sonra bu sorunlara çözümler geliştiririz. Kendi içinde sorun çözülmüş olur.

Fakat gariptir ki insan, hayatta başına ne geliyorsa sanki ilk defa yaşıyormuş gibi hissedebiliyor. Geçmişinde çözdüğü herhangi bir problemin bir benzerini yaşadığı zaman sanki ilk defa yaşıyormuş gibi kaygılanabiliyor ya da ümitsizlik yaşayabiliyor. Geçmişinde bazı şeyleri yaşamış olman, benzerini yaşadığın zaman ortaya çıkacak olan olumsuz duyguları tamamen engellemez elbette, ama çözümsüzlüğün ve acının içinden daha çabuk çıkmanı sağlar. Örneğin, sunum korkun var diyelim. Her sunum öncesinde "Ya kötü geçerse, rezil olursam, sorulan sorulara cevap veremezsem?" düşünceleri seni esir alıyor ve kaygının içine düşüyorsun. Ancak bugüne kadar 50 kez sunum yapmışsın, yaptığın her sunum çok güzel geri dönüşler almış. Sıra 51. sunuma geldiği zaman, sanki ilk defa sunum yapacakmış gibi kaygılanıyorsan burada yapman gereken, kaygılı bir olayı yaşadığında bunu sonrasında nasıl çözdüğünü, nasıl ilerlediğini bir kenara not alman. Buna benzer olaylar yaşadığın zaman, bu notları okumak, sanki uzaktan bire bir seninle aynı şeyleri yaşamış birinin şefkatli sesini duymak gibi olacak. Bu ses sana "Abartmana gerek yok, daha önce de aynısını yaşadın ve başarıyla üstesinden geldin, sen bu işi de başaracaksın" diyecek. Bu geçmişten gelen kendi sesimiz, o andaki yaşadığımız kaygıyı tamamen geçirmese de önemli ölçüde azaltacaktır.

Herhangi bir kötü olay yaşadığın zaman, ne kadar da kötü şeyler yaşadığını düşünüp, mahvoldum demek yerine, geçmişine bir dön bak bakalım, orada şu an yaşadığına benzer bir olay bulabilecek misin? Geçmişte bu konuyu nasıl çözdüğünü hatırlamak sana çok yardımcı olacaktır.

Düşünceler Çöptür

Düşüncelerin belki de çok önemli ve gerekli olduğunu düşünüyorsun. Çok haklısın düşünceler önemlidir, ancak zihninden hayal edemeyeceğin kadar çok düşünce geçer bir gün içinde. Bu düşüncelerin çok büyük bir kısmı çöptür, ancak sen bir ayrım yapmadığın zaman zihninden geçen her düşünceyi ciddiye alırsın. Ve çocukluğundan bu yana, bir konuyu yeterince düşünürsen sonuca ulaşabileceğin bilgisi belki sen farkında olmadan aklında bir köşelere yerleşmiş durumdadır. O zaman o an için çözemeyeceğin bir durumla karşı karşıya kaldığın anda, düşünceler her yanını sarar ve gerçek hayattan uzaklaştırarak seni içine çeker. Ama tek başına düşünceler ruhu doyurmaz, ne kadar çok düşersen düşüncelerin içine ruhun o kadar yorulur, yorgun düştükçe daha fazla gömülürsün düşüncelerin içine. Bu bir çeşit döngü halini alır ve seni asıl hayat yolundan uzaklaştırır.

Zihnimizin bir özelliği vardır, eğer ki bir düşünce sonuca ulaşmamışsa ve yarım kalmışsa, zihin durmadan yarım kalanı tamamlamaya çalışır. Çünkü zihnimiz belirsizliği sevmez.

Genelde kafaya taktığımız konularda durumun sonu açık kalmıştır; ifade edilmeyen bir duygu vardır ancak bu duygu ifade edilemez durumdadır, cevabı belli olmayan bir sorun vardır ya da içinde tamamlayamadığın bir boşluk, ne yaparsan yap bilemezsin sonucu. Böyle olunca zihin durmadan çalışır yarım kalan konuyu tamamlamak için. Ve sen de durmadan düşünerek zihninin bu şekilde çalışmasını teşvik edersin. Sanki günler ve haftalar boyunca düşünürsen yeni bir sonuç bulacakmışsın gibi, düşündükçe düşünmeye devam edersin, ta ki düşüncelerin karanlık çukuruna düşene dek.

Bir konuyu bir süre düşündükten sonra yeni bir çözüm yolu elde edemiyorsan, şimdilik deneyebileceğin bütün yöntemleri denediğini varsayabiliriz. Ancak işin sorunlu kısmı tam olarak burada başlıyor, birkaç gün düşündükten sonra, tekrar başa sararsın ve farkında olmadan asıl mevzuyla alakalı olmayan bambaşka şeyleri de düşünmeye başlarsın. Örneğin, güzel bir ilişkin olmasını istiyorsun ancak buna rağmen kafana uyan birisiyle karşılaşmadığın için belki de şu an için yalnızsın. Bu konuda yapılabilecek şeyleri çok da uzun olmayan bir zaman içinde düşünebilirsin. Sonrasında ise, yapacağın şey sadece hayatına devam etmektir. Ancak sen durmadan düşünmeye devam edersin. Neden yalnızım derken, arkadaşlarınla yaşadığın sorunlar aklına gelir, iş hayatındaki problemleri düşünürsün, geçmişteki ilişkilerde yaptığın hatalar gözünün önüne gelir. Aslında bunların hiçbiri belki de senin güncel probleminle ilgili değildir. Ama sen bir kere düşünmeye başlamışsındır ve bunları düşündükçe modun düşer, kendine olan güvenin zayıflar. İşlevsel olan düşünceyle çöp olan düşünce arasındaki ayrımı fark edebiliyor musun? *İşlevsel olan düşünce, sorun ortaya çıktığında ya da sorunla ilgili yeni bir gelişme olduğunda ilk zamanlardaki çözüm odaklı düşüncelerdir. Çöp olan düşünceler ise çözüme yönelik katkısı olmayan, olumsuzluklarıyla seni aşağıya çeken düşüncelerdir.*

Düşünmekte sıkıntı yok ancak düşündüğün her şeyi ciddiye aldığın zaman, bu sefer zihnin yorulmaya, seni rahatsız eden her bir düşünceye başka alternatif bir düşünce geliştirmeye başlıyorsun. Ne kadar çok derine dalarsan düşünce çukurunda, bulacağın şey sadece anlamsızlık, değersizlik ve kötü anılar oluyor.

Düşüncelerin büyük bir kısmı, sadece olması gerektiği için orada olan şeyler gibidir. Sen, aklından her geçen düşünceye takılırsan, her biri üzerinden başka bir şeye bağlantı verirsen, zihinsel enerjinin büyük bir kısmını içinde tüketmiş olursun ve eyleme geçmeye yönelik enerjin kalmaz. Ayrıntılar senin en büyük engelin olmaya başlar. Harekete geçme noktasında düşünceler hem en büyük enerji kaynağı hem de en büyük engeli oluşturabilir. Düşünmeye başladın, planlamaları yaptın ve harekete hazırsın. Böyle bir noktada harekete geçersen, düşüncelerin eylemlerinin temelini oluşturur. Ancak sen düşünmeye başladın, planlamaları yaptın, bir daha düşünmeye başladın derken bu kısırdöngüye dönüşür ve her ayrıntı gözünde büyümeye başlar ve en sonunda planlamasını yaptığın şey senin için gerçekleştirilmesi neredeyse imkânsız olan, bir sürü zor ayrıntıdan ibaret bir iş haline gelir.

Diyelim ki işin sonu her halükârda kötü bitecek. O zaman iki ihtimal var: Ya şu anın keyfini çıkarırsın ve problemle karşılaşınca üzülürsün ya da şu anını da mahveder ve olayla karşılaşınca yine üzülürsün.

Düşüncelerin zarar verdiği bir diğer alan da, zor şeyler yaşadığımızda ya da bizi belirsiz durumlar beklediğinde ortaya çıkar. Başımıza herhangi bir zor durum geldiği zaman, çözümler bulmak için düşünmeye başlarız ve herhangi bir zihinsel problemimiz yoksa belirli bir süre içerisinde, bulabileceğimiz çözümleri buluruz. Ancak bizi iki ay sonra bekleyen bir görev için iki ay boyunca düşünmek, bütün olumsuzlukların üzerinde defalarca düşünmüş olmak çözüm noktasında bir katkı sağlamayacağı gibi sadece kaygımızı artırır. Birçok insan bir konuyu çok fazla düşünerek çözebileceğine yönelik bir inanç taşır içinde. İlk başta bu inancın geçersiz olduğunu anlamalısın. Burada fark etmen gereken şey, yeterince düşündüğünü anladığın zaman, düşünme eylemini yavaş yavaş azaltmaya çalışmak olmalı. Bunun için düşüncelerle savaşmamalısın ama sadece dikkatini başka yere kaydırmak bile önemli bir katkı sağlayacaktır. Yani düşünce çukuruna düşeceğini hissettiğin zaman, düşündüğün konuyla ilgisiz bir şeyle uğraşmak, temizlik yapmak, arkadaşlarla sohbet etmek, eğlenceli videolar izlemek ya da yürüyüş yapmak bile çok faydalı olabilir.

Çok fazla susuyorsan, bağırmaman gereken yerlerde bağırırsın.

Aşırı Duygusallıktan Nasıl Kurtulabilirsin?

Bazı insanların keşke bu kadar duygusal olmasaydım dediğine şahit olmuşsundur. Aslında duygusallıktan kastedilen şey, bazı durumlarda duygularını yoğun bir şekilde hissetmekse, bunu engellemenin henüz bir yolu yok. Çünkü insan olmanın en heyecanlı taraflarından birini duygular oluşturuyor. Düşünsene çok neşelenmediğini, hayranlıkla bir manzaraya bakmadığını, sana zarar verecek şeylerden korkmadığını, haksızlıklar karşısında öfke hissetmediğini, ilk defa gördüğün bir şey karşısında şaşkınlığa düşmediğini... Hayat çok garip olmaz mıydı sence? Hayatta birçok şey A ve B noktası arasındaki çizgiden oluşuyor; duygular bu iki nokta arasındaki çizgiyi çekilebilir hale getiren güzellikler aslında. Aşırı duygusal olmanın karşıtı, duyguları tamamen hayattan çıkarıp aşırı mantıklı olmak değildir. Çünkü duyguları hayatından çıkarman mümkün değildir, en fazla yok sayabilirsin. İnsan psikolojisi söz konusu olduğunda var olan hiçbir şey öylece ortadan kaybolmuyor, halının altında da olsa seni etkilemeye devam ediyor.

Peki duyguları hayatımızdan çıkaramayacaksak, aşırı duygusallıktan nasıl kurtulabiliriz?

Önemli olan duyguları kontrol edebilmek ve dengede kalabilmek. Bazen öfkelenmen gereken yerde öfkelenmemen, hüznünü çok yoğun yaşaman, hayattaki olumsuzluklardan çok fazla etkilenip hayatının akışını kontrol etmekte zorluk yaşaman duygularını tam anlamıyla kontrol edemediğin anlamına gelir. Önemli kararlar alırken, tamamen duygusal hareket ettiğin zaman, sonrasında içinde bulunmak istemeyeceğin durumlara düşebilir, bundan dolayı daha fazla kötü hissedebilirsin. Sana bir vaka örneği vermek istiyorum.

Selin, çok sevdiği işinde canla başla çalışmaktadır. İşini çok seviyordur ve bundan dolayı yaptığı işten keyif de alıyordur. Ancak işe başlayalı beş yıl olmuştur ve Selin'e göre artık terfi alma zamanı gelmiştir. Terfi zamanı geldiğinde, Selin yönetici olmasına neredeyse kesin gözüyle bakmaktadır. Ve beklenen gün geldiğinde, yeni yöneticiler açıklanır ve bu listede Selin'in adı yoktur. Selin ilk başta yanlışlık mı oldu acaba diye kendi amirine gider, ancak amiri yanlışlık olmadığını söyleyip, çalışmalarından çok memnun olduklarını fakat bu yıl böyle bir karar almadıklarını söyler. İşte tam o an Selin'in başından aşağı kaynar sular dökülür ve ofiste biraz huzursuz şekilde dolaştıktan sonra istifa mektubunu yazar, amirinin odasına bir hışımla girer ve istifa ettiğini söyler. Karşı taraf vazgeçirmeye çalışsa da o an, Selin öfkeli tavrıyla vazgeçmediğini söyler ve bağırarak işyerini terk eder. Eve gittiğinde rahatlamış hisseder, "Günlerini gördüler, var mı öyle haksızlık yapmak!" diye içinden geçirir. Birkaç gün gösterdiği öfke tepkisinin verdiği rahatlama ile idare eder ancak sonrasında yavaş yavaş gerçekle yüzleşmeye başlar: İşten ayrılmıştır ancak bazı borçları vardır, piyasa çok da iyi değildir, dolayısıyla yeni iş bulmak konusunda sıkıntılar vardır, yönetici olmasa da eski işini hem çok sevdiğini hem de koşullarının iyi olduğunu hatırlar. Ancak artık çok geçtir...

Bu örnekte tipik duygusal karar alma davranışını görebilirsin. Buradaki örnek iş üzerine ama sen örneği ilişkilere, arkadaşlıklara ya da ticari girişimlere kadar genelleyebilirsin. Birçok örnekte süreç şu şekilde işler: Kişinin haksızlığa uğradığını düşünmesi, hayal kırıklığına uğraması ve hemen ardından öfke hissetmesi. Bu süreç çok normaldir ancak duygularını kontrol edemeyen kişi, bu sürecin sonucunda hemen eyleme geçmek zorunda hisseder kendisini, ancak eyleme geçerse rahatlayabileceğini düşünür. Fakat böyle duygusal anlarda sadece siyah-beyaz şeklinde düşünürüz, griler yoktur, değerlendirme ve plan yapma becerilerimiz devreden çıkar, sadece tek amaç vardır o an: Hissettiğimiz duygudan kurtulmak. Bunun neticesinde duygularımızı "gerçekler" zannederiz ve hemen o an sonradan çok pişman olacağımız kararlar veririz. Aslında Selin'le istifa ettiği anın birkaç saat öncesinde ve sonrasında konuşsak muhtemelen işinin bütün kötü özelliklerini sayıp, çalışılacak başka bir yer olmadığını bize söyleyecektir. Ya da bir başka örnekteki Fatih'le, eşiyle tartıştıktan hemen sonraki gün boşanma davası açtığında konuşsak, eşinin ne kadar da kötü bir insan olduğunu bize saatlerce anlatabilir.

Bu birçok insanın yaşadığı bir durumdur, sadece aşırı duygusal insanlar böyle zamanlarda hissettikleri ile harekete geçerler. Ben böyle davranan danışanlarıma, önemli kararlar öncesinde hep şunu sorarım: "Biz seninle bu olay olmadan önce görüşmüş olsaydık, yine bu şekilde düşünür müydün? Yani işim ya da eşim bu kadar kötü der miydin?" Bu sorular önemli bir içgörü kazandırabilir bize. Çünkü büyük kararlar vermemize neden olacak gerçekten kötü olaylar genellikle süregiden şeylerdir (şiddet ve istismar hariç) ve hemen o an karar vermemiz gerekmeyebilir. Böyle zamanlarda kişinin dikkat etmesi gereken bir diğer şey de, duygunun hissedildiği an ile karar verme anı arasına tampon bir zaman dilimi koymaktır. En ideali bir hafta ile bir ay arasında olabilirken, zor zamanlarda bazen bir saat bile anlamlı bir fark yaratabilir doğru kararlar verebilmek için.

Duygular çok değişkendir ve gerçek dünyayı algılamamızı kolaylıkla değiştirebilir. Yaşadığı şehri hiç sevmeyen birisi, âşık olduktan sonra, yaşadığı şehre bambaşka gözlerle bakabilir, her şey ne kadar da güzel diyebilir. Ya da modun biraz düşük olduğu zaman aynaya bakarsın, aynada gördüğün kişi sana çok çirkin gelir. Başka bir gün, iyi hissettiğin bir zaman diliminde yine aynaya bakarsın ve bu sefer gördüğün kişiyi çok beğenirsin. Halbuki sen aynı sensindir ya da yaşadığın şehir aynı şehirdir. Peki böyle bir durumda değişen nedir ya da bize değişikmiş gibi hissettiren şey nedir? Bu değişimleri yaratan şey duygulardır. Yaşadığımız olayları değerlendirirken en sık yaptığımız hatalardan biri duygularımızla gerçekleri karıştırmaktır.

O an kötü hissediyoruzdur ve kendimizi çok çirkin buluruz. Halbuki ben aynı benimdir, sadece kötü hissettiğim için böyle algılıyorumdur. Aşırı duygusal insanlar duygularını gerçekmiş gibi zannederler ve bununla yola çıkarlar. "Evet ben çirkinim" kısmını, "Kötü hissediyorum, bundan dolayı böyle algılıyorum" diye düşünmezler, "Gerçekten çirkin olduğum için böyle algılıyorum" diye düşünürler. Çok başarılı olduğu su götürmez olan ancak yetersiz ve mutsuz hissetmesi sebebi ile kendisini başarısız olarak gören ve bunu gerçek olarak kabul eden birçok danışanım oldu. Aslında duygular, yok saymamamız ancak aşırı ciddiye de almamız gereken şeylerdir. Hissettiklerin gerçeklerin olmayabilir.

Aşırı duygusallık konusunda üzerinde durmamız gereken konulardan biri de kişiselleştirme tuzağıdır. Kişiselleştirme tuzağı kişinin aslında kendisi ile ilgisi olmayan bir yaşam olayını ya da başka birisinin davranışını kendisine bağlamasıdır. Herkes hayatında az ya da çok bu tuzağa düşer ve kendisiyle ilgisi olmayan herhangi bir olay için kendisini üzer. Ama gerçekte dışarıda yaşanan olayların çok az bir kısmı gerçekten bizimle ilgilidir. Herkes kendi gemisinin kaptanıdır ve kendi hikâyesinin başaktörüdür. Dünyayı algılarken hep kendimizle konuşuruz, kendi yaşantılarımız ve kişiliğimiz ekseninden değerlendiririz. Bu şekilde yaptığımız değerlendirmenin sonucu olarak bazen farkında olmadan evrenin merkezinde kendimiz varmış gibi hissederiz; sanki olan biten her şey bizimle ilgiliymiş gibidir. Bu o kadar da anormal bir durum değil esasında, çünkü her insan hayata böyle bakar, sanki dünyanın merkezinde o varmış gibi. Böyle olunca yaşadığımız olumsuz olayların bizi etkilemesi çok daha farklı olur. Çünkü birisi bize surat astığında, öfke gösterdiğinde, haksızlık yaptığında ya da kötü davrandığında hem olayın bize yaşattığı kötü hissi hem de olaya sanki biz sebep olmuşuz ya da bizden kaynaklanıyormuş gibi baktığımız için üzerimize aldığımız suçluluk hissini yaşarız. Halbuki birisi sana kötü davranıyorsa, bu durum onun kendi içindeki süreçlerle, kendi kompleksleriyle ilgili olabilir. Orada sen değil de başka biri olsaydı ona da kötü davranırdı o kişi. Burada bir örnek vermek istiyorum.

Orhan'ın çocukluğu küçük bir şehirde geçiyor. Orhan, evin iki çocuğundan birisi, bir de ablası var. Durumları çok iyi olmamakla birlikte, kimseye muhtaç olmadan yaşayıp gidiyorlar, ta ki babası başka bir kadın için evi terk edene kadar. Babası evi terk ettikten sonra, ablası ve annesiyle birlikte çok ciddi maddi zorluklar yaşamaya başlıyorlar. Bütün bu zorluğu birlikte yaşamalarına ve çok uyumlu bir çocuk olmasına rağmen, annesi kendilerini bırakan eşe olan öfkesini ondan ilgisini ve şefkatini esirgeyerek biraz da Orhan'dan çıkarıyor. Sanki abla ve anne bir takım, Orhan da diğer tarafta tek başına. Orhan öncesinde çok başarılı bir öğrenci olmasına rağmen, yaşadığı travmatik olayların da etkisiyle eskisi gibi başarılı olamıyor. İlerleyen zamanlarda, bir şekilde Orhan üniversiteyi bitiriyor ve işe giriyor. Ancak içinde hep haksızlığa uğradığı inancı bir an olsun ortadan kaybolmuyor. Ufacık olaylarda bile aşırı öfke tepkileri veriyor, her şeye karşı savunmacı bir taraf geliştiriyor ve bazen aşırı iğneleyici konuşabiliyor.

Şimdi beraber düşünelim, Orhan senin eşin, arkadaşın ya da patronun olabilir. Orhan'ın sana verdiği her tepkide, sen kendi içinden "Yine ne hata yaptım acaba?" diye düşünüyorsun. Zaten kötü olayların üstüne bir de içinde suçluluk hissi oluşuyor. Halbuki Orhan geçmişinde halledemediği sorunları ve öfkesini dışarı aktarıyor sadece, babasına ve annesine olan öfkesini. Orada yaşanılan olayların ve sana yöneltilen olumsuzlukların çok çok az bir kısmı gerçekten seninle ilgili.

Birçok insan kendi içinde yaşadığı sorunları dışarı aktarır. Duruma bir de böyle bakınca, seni üzen ve duygu kontrolünü kaybetmene neden olan olayların seni eskisi gibi etkilemediğini fark edeceksin.

Diğer insanlarla ilişkilerimiz söz konusu olduğunda, duygusal insanlar, belirsiz kalan her durumu kendileri doldurma eğiliminde olabilir. Adı konmayan bir tavır, surat asıklığı, soğuk davranmak, eskiye göre daha farklı olmak gibi belirsiz mesajlar içeren ilişki sorunlarında, eğer zihin okuma hatasına düşüyorsan, belirsiz kalan kısımlar hakkında bolca olumsuz tahmin yürüteceksin ve bunları gerçek gibi kabul edeceksin. Örneğin:

Suratı asık	Çünkü benden memnun değil
Soğuk davranıyor	İlk fırsatta beni işten çıkaracak
Eskisinden daha farklı davranıyor	Beni eskisi gibi sevmiyor
Buluşmaya geç geldi	Beni önemsemiyor

Gördüğün üzere burada fark etmen gereken şey, az veri ile kesin sonuca varılıyor oluşu. Aslında böyle kesin şeyler söylememize neden olacak kesin bir bilgi yok ama sen zihin okuyorsan her belirsizliği geçmişten getirdiğin olumsuz özelliklerle birleştirip en kötüsü ile dolduracaksın. Bir vaka örneği anlatmak istiyorum sana.

Aslı, işinde çok başarılıydı ancak ne kadar başarılı olduğu ona söylenirse söylensin, hep başarısız olduğunu düşünen bir danışanımdı. Beraber çalıştığı insanlarla arası iyi, sevilen birisi olan Aslı'nın çalıştığı işyeri ekonomik olarak çok da büyütülmeyecek zor bir dönemden geçiyordu. Bir gün telefonum çaldı, arayan Aslı'ydı. Telefonu açar açmaz, amirinin bireysel olarak kendisini toplantıya çağırdığını, kesin onu işten çıkaracağını düşündüğünü söylüyordu ve bunları anlatırken o kadar çok ağlıyordu ki, ağlamaktan konuşamadığı oluyordu. Onu biraz sakinleştirdikten sonra, işyerinin durumunu da hatırladığım için, her türlü olasılığa hazır olmamız gerektiğini ancak en kötü senaryonun bile aslında o kadar korkutucu olmayabileceğini söyledim. Telefonu kapatmadan önce, süreçten beni haberdar etmesini istedim ondan. Birkaç saat sonra Aslı aradı beni, açık konuşmak gerekirse, kötü ihtimali duymaktan tedirgin olarak açtım telefonu. O an yaşadığım şoku şu an bile net bir şekilde hatırlıyorum; o an arayan Aslı ile birkaç saat önce konuştuğum Aslı sanki farklı kişilerdi. Şu an arayan Aslı'nın sesindeki coşku o kadar yüksekti ki anlatamam. O coşkulu sesle bana "Beyhan Bey müjdemi isterim, terfi aldım" dedi.

Burada dikkat etmemiz gereken nokta, Aslı'nın ilk başta belirsiz olan durumu, kendi içinde hep var olan başarısızlık durumu ile ilişkilendirmesi ve bunun sonucunda ortaya çıkan duyguyu gerçek zannetmesi. Aslı'yla sonraki seanslarda bu durum üzerine çözümlemeler yaptık; geçmişten getirdiği başarısızlık hissini, her belirsiz durumu bununla doldurmasını, zihin okuma alışkanlığını ve duygularını gerçek zannetmesini konuştuk. Kişi bu durumlar konusunda farkındalık yaşadıkça değişebiliyor. Bu durum senin için de geçerli.

Aşırı duygusallık konusunda son olarak söylemek istediğim şey, dengesiz duygu dağılımı. Dengesiz duygu dağılımı dediğimiz durumda, dışarı çıkması gereken duygular içeride kalır, bu duygular hiç çıkmaması gereken yerlerde ve umulmadık insanlara karşı ortaya çıkabilir. Başta da söylediğim gibi duyguların yok sayılması ya da ifade edilmemesi onları ortadan kaldırmaz, sadece geri plana atar. Geri planda duygular çalışmaya ve bizi etkilemeye devam eder. Ruh sağlığı için en önemli gerekliliklerden birisi kişinin duygularını ifade etmesidir. İfade edilmeyen duygular içeride birikmeye başlar, diğer davranışlarımızı da etkiler. Diyelim ki, bizi kızdıran bir davranışla karşı karşıyayız, böyle bir durumda kendimizi savunmayı ya da öfkemizi göstermeyi başaramıyorsak, bu durum karşı tarafın davranışının bizde yarattığı öfkeyi içimizde tutmamıza neden olacak. Bunun sonrasında bazı insanlar içinde tuttuğu öfkeyi kendisine yöneltir. Neden kendini savunmuyorsun, zaten hep böyle pasiftin, hiçbir şeyi başaramıyorsun, hep benim hatam gibi cümleler sıralar. Bazen aynı kişinin gerçekten öfke gösterilmesi gereken 10 davranışına hiç tepki göstermezsin fakat 11. sıradaki o kadar da önemli olmayan davranışa aşırı tepki gösterirsin. Bu durumda daha önce çok daha ağır şeylere hiç tepki göstermezken, önemsiz bir konuda patlama yaşadığın için karşı taraf da çok şaşırır. Ama kimse sana, "Sen daha önce susulmaması gereken yerde sustun o yüzden şimdi böyle patlıyorsun" demez, "Gereksiz tepki gösteriyorsun, haksızsın" der.

Dengesiz duygu dağılımı konusunda dikkat etmen gereken her şey, içinde duygularını bekletmemen gerektiğidir. İçinde biriken güzel şeyleri de, kötü şeyleri de kocaman olmadan karşı tarafa ifade etmelisin.

Belki içinden, karşı taraf beni anlamıyor diyeceksin, doğru belki de hiç anlamayacak seni. Ama burada önemli olan senin kendini ifade etmen, karşı taraf seni anlamasa da.

Kafaya Takmak ya da Takmamak İşte Bütün Mesele Bu!

Yaşadığımız olayların tek başına bir anlamı yoktur, onlara anlam yükleyen bizlerizdir. Ve bu anlam yüklemelerimizin neticesinde ortaya ilk olarak düşünceler, sonrasında ise duygular çıkar. Şu an içinde bulunduğun durum, hayattan beklentilerin, diğer insanların sana davranışları, kendinden beklentilerin hepsi ilk başta kendi başına çok anlam ifade etmez ancak senin ona yüklediğin anlamla beraber işler değişir. Örneğin, bir kafede yalnız başına oturup kahve içmek dışarıdan bakınca bana çok normal gelebilir, ancak sen, kafede oturup yalnız başına bir şeyler içmeyi yalnızlık, ilişki kuramamak, âcizlik gibi yorumlarsan, ne kadar da yalnız olduğunu düşünürsün, sonrasında ise kendini başarısız, yetersiz ve sevilmeyen birisi gibi hissedersin. Halbuki sadece bir kahve içecektin...

İşte buna benzer şekilde küçük ya da büyük birçok şeyi kafana takıyor olabilirsin. Bir konuyu kafaya taktığın zaman, o minicik düşünce ilk başta çok küçükmüş gibi görünürken, sonrasında senin hayattan aldığın tadı azaltabilir, uykularını kaçırabilir ve hayatın sana iyi gelecek tarafını kaçırmana neden olabilir. Ve maalesef ki, bir insan bir şeyi kafaya takma potansiyeline sahipse, bu genelde başka şeyler için de geçerli olabilir, bugün bunu takarsın yarın bambaşka bir şeyi. Tek ortak nokta kafaya taktığın şeylerin senin tadını kaçırıyor olmaları olur.

Şimdiye dek en sık karşılaştığım durumlara göre insanlar en başta diğer insanların kendileri hakkındaki düşüncelerini ve davranışlarını, kendileriyle ilgili eksik gördüğü yerleri ya da başlarına gelmesi muhtemel ancak yüksek ihtimal dahilinde olmayan şeyleri takıyorlar. Örneğin, sen bir şey anlatırken, karşındaki insanın seni dikkatle dinlememesini, sana canını sıkan bir şey söyleyen birisine kendini ifade edememeni, sevdiğin insanları kaybetme korkusunu, yalnızlıktan kurtulamayacağını, evlenemeyeceğini, anne ya da baba olamayacağını düşünüp, sonrasında ortaya çıkan duygularla hayatını mahvediyor olabilirsin. Belki de bambaşka bir konuyu kafana takıyorsun. Ama burada anlatacaklarım, sen neyi kafana takıyor olursan ol, yaşadıklarına farklı bir gözle bakmanı sağlayacak.

Kafaya taktığımız konularla ve rahatsız edici düşüncelerle baş etmek için genelde üç strateji izleriz. İlk olarak düşüncelerle savaşa gireriz, var gücümüzle düşünceleri zihnimizden atmaya çalışırız. İkinci olarak, düşüncelerin içine gömülürüz, sanki ne kadar fazla düşünürsek bu durumdan kurtulmamız o kadar mümkünmüş gibi gelir. Üçüncü yöntem olarak kafaya taktığımız konuları bastırma yoluna gideriz. Şimdi seninle birlikte bu üç stratejiyi ve onların üzerimizdeki etkilerini değerlendirelim.

Sakın Beyaz Bir Ayı Düşünme!

Evet sana söylüyorum, sakın ola ki şu anda beyaz bir ayı düşünme, gözünün önüne bile gelmemeli beyaz bir ayı. Düşünmüyorsun değil mi? Sanırım başaramadın, ama bunun için üzülme, sonuç doğal olarak başaramamandı zaten. Ünlü Rus yazar Tolstoy bir gün bir arkadaşına, "Şu köşede dur ve sakın beyaz bir ayı düşünme" demiş. Sonra bu arkadaş, ne kadar çabalarsa çabalasın bir türlü beyaz ayıyı aklından çıkaramadığını söylemiş. Sonrasında ise psikoloji alanında, özellikle kaçındığımız ve zihnimizden atmaya çalıştığımız düşüncelerin zihnimizi daha fazla işgal ettiğini anlatmak için Tolstoy'a ithafen "beyaz ayı" kavramı kullanılmaya başlanmış.

Düşüncelerle savaşmak tam olarak böyle bir şey oluyor, sen onlarla ne kadar savaşırsan savaş, galip gelen düşünceler oluyor her zaman. Ben düşünceleri dumana benzetiyorum. Düşünsene evini duman kaplamış ve sen dumanla savaşmaya çalışıyorsun. Sen dumana vurdukça duman başka bir tarafa kaçıyor ama yine de senin etrafından ayrılmıyor. Bu savaş uzadıkça sen yoruluyorsun ve kazanan her zamanki gibi duman oluyor. Birçok insan, zihnindeki rahatsız edici düşüncelerden kurtulmak için onlarla savaşmaya başlıyor. Bu savaşma hali bazen alternatif cevaplar bulma, başka örnekler düşünme, en derinine kadar düşünme halinde olabiliyor. Bazen sadece "Düşünme!" diyerek kendini telkin etmek ya da güzel şeyler düşünmeye çalışmak da kullanılan yöntemlerden oluyor. Ancak burada gözden kaçan bir nokta var, mantıklı olmayan düşüncelere mantıklı cevaplar sunarak onlardan kurtulamazsın. Seni rahatsız eden düşünceyle savaş için harcadığın her çaba karşı tarafı daha da güçlü hale getirecektir.

Peki ne yapmalıyım dediğini duyar gibiyim. Rahatsız edici düşünceler her zaman atak halinde değildir. Bazı zamanlar hayattaki bütün sesleri bastıracak kadar güçlü olabilirken bazen arka plandan bir mırıltı şeklinde sesi duyulur. Hayat olaylarının ortaya çıkardığı genel stres seviyesi, rahatsız edici düşüncelerin gücünü artırabilir. Böyle zamanlarda dikkat etmen gereken ilk şey, kafana takılan düşünce konusunda yeterince düşünüp düşünmediğine karar vermen olacaktır. Yeterince düşünüp düşünmediğini anlamak için, düşüncelerini gözden geçirebilirsin; yeni şeyler mi düşünüyorsun yoksa seni yoran düşünsel geviş getirme tuzağına mı düşmüşsün? Eğer yeni bir şey yoksa, yeterince düşünmüşsün demektir. Bundan sonraki aşamada, rahatsız edici düşünce atakları geldiği zaman, onlara kesinlikle cevap vermeyeceksin, zihninden atmaya çalışmayacaksın. Sadece dikkatini başka bir yere kaydırman yeterli olacaktır. Rahatsız edici düşünceleri beraber yaşamak zorunda olduğun hoşuna gitmeyen bir ev arkadaşı gibi düşün. Onu evden atmaya çalıştıkça, onun sesini ve yaptıklarını duymamaya çalıştıkça, hem bu problemli arkadaşın varlığından ve beraber yaşamak zorunda olduğundan dolayı üzülüyorsun hem de çabalarının boşa gitmesinden dolayı. Yani iki kere üzülüyorsun böyle olunca. Sen davranışsal olarak yapman gereken diğer şeylere vermelisin kendini; bitirmen gereken işler, fiziksel aktiviteler, sosyalleşmek gibi şeylere kendini kaydırdığın zaman rahatsız edici düşüncelerden tamamen kurtulamasan da en azından eskisi kadar rahatsız olmayacaksın.

Bütün Halıların Altı Doldu

Kafana takılan düşünceler konusunda başvurulan yöntemlerden birisi de bastırma demiştim. Hep derler ya, sen problemleri çözmüyorsun aslında, halının altına süpürüyorsun ve onlar orada beklemeye devam ediyor. Bugüne kadar çok fazla danışanım oldu, çok fazla insanın hayatına tanıklık ettim ve birçok insanın hayatındaki bütün halıların altının çözülmeyen, yok sayılan ve bastırılan problemlerle dolup taştığına şahit oldum. O bastırılan düşünceler, halının altında sakin bir şekilde durmuyor maalesef, orada durdukça, gözünün önünde olmasa dahi seni ve hayatını etkilemeye devam ediyor.

Daha önceki başlıklarda vurguladığım bir nokta vardı; işlevsel olan düşünce ve çöp olan düşünce. İşlevsel olan düşünce, bir problem karşısında çözüm yolları bulmamızı sağlayan düşünce biçimiydi ve önemliydi. Eğer ki sen kafana takılanlar konusunda, bastırma yöntemini kullanıyorsan, problemler karşısında işlevsel olan düşünce aşamasına bile gelemezsin, sanki hiç sorun yokmuş gibi davranırsın. Belki hayatın yangın yeridir, bir sürü önemli problemin vardır ama sen sanki her şey çok yolundaymış gibi kafanı kuma gömersin. Ancak bu problemler her tarafı sardığı için sen sadece kötü şeyler olacakmış gibi, göğsüne bir öküzün oturduğunu hissedersin ve sebepsiz iç sıkıntıları yaşarsın. Bir türlü anlam veremezsin olanlara, her şey de yolunda gibi ama neden oluyor bunlar? Bazen asıl problemleri bastırdığın için aslında hiç alakası olmayan şeyleri kafana takmaya başlarsın, kapıyı kilitledim mi, ocağı kapattım mı diye düşünmekten uykuların kaçar.

Bazen sorunların farkındasındır ancak bu sorunları ifade etmekten kaçınırsın. Sanki sen söylersen, insanlar sana karşı tepki gösterecekmiş, onlarla ciddi sorunlar yaşayacakmışsın gibi gelir. Bazen de söylesem ne olacak, ne değişecek ki diye düşünürsün. Halbuki bazen sadece söylemek bile o kadar rahatlatıcıdır ki.

Kendine dair endişelerin vardır derinlerde bir yerde. Sevilmeye layık biri olmadığını, başarısız olduğunu düşünür, yalnız kalmaktan korkmaya başlarsın. Bunlar kapıda bir yerlerde bekler, sen çok korkarsın kapıda bekleyenin o korktuğun şey olduğundan. Kapıdan arada sırada ses gelir, tık tık tık... Ve sen iyice tedirgin olursun kapıda bekleyenden. Tedirginliğini atmak için kapı yokmuş gibi davranırsın, televizyonun sesini sonuna kadar açarsın. Ama nafile, içeride bir yerlerde kapıda bekleyenden endişelenmeye devam edersin. İşte kapıda bekleyen ama yüzleşmekten korktuğun şey kendine dair endişelerin ve eksik gördüklerindir: Yalnızlığın, başarısızlıkların, yetersizliklerin ve sevgisizliğin. Sen onları dışarıda tutmaya çalıştıkça, onlar senin gözünde daha korkunç olmaya başlar. Ve evin içinde kapıda bekleyenin sesini duymamak için yaptıkların da, gerçek hayatta kendini hiç boş bırakmaman, yalnız kalmaktan çok korkman, kendini bir konuya aşırı vererek diğer her şeyi unutma çabandır. Ama sen bir kere korkularını aşsan ve kapıda bekleyeni içeri davet etsen, göreceksin o kadar da korkunç olmadığını ve onunla baş edebileceğini ve onun da senin bir parçan olduğunu...

Kübra otuzlu yaşlarının ortasında, bekâr, iş hayatında çok başarılı bir danışanımdı. Üniversite hayatından bu yana hep tek başına yaşamıştı, ailesi küçük bir şehirde yaşıyordu. Bana başvurma sebebi, son zamanlarda hiç geçmeyen yorgunluk hissi ve dinlenememe haliydi. Bu zamana kadar iş hayatında hep çok hırslı olan Kübra, artık işe gitmek istemiyor, iş dışında yaptığı eskiden ona keyif veren şeylerden artık keyif alamıyordu ve bir türlü bu duruma anlam veremiyordu. Her şeyin mükemmel olması gerekiyordu ona göre. Çünkü işyerinde konumu çok iyiydi ve geleceği çok parlaktı, çok güzel kazanıyordu, çok güzel bir evde oturuyordu ve hiçbir fiziksel sağlık sorunu yoktu. Sorun neydi diye düşünürken bazen şımarıklık yapıyorsun diyerek kendisine öfkelendiği bile oluyordu. Biz psikoterapi sürecine başladıktan sonra, Kübra'yı daha fazla tanımaya başladım, neredeyse her gün mesaiye kaldığından, yorgunluktan bayılana kadar çalıştığından, eve geldiğinde de sızıp kaldığından bahsetti bana. Mesaiye kalmadığı zaman yakın arkadaşlarıyla buluştuğunu, yine eve geç gittiğini ve hemen yattığını anlattı. Sanki özellikle evde kalmaktan kaçıyor gibiydi. Bizim sürecimiz devam ederken, sanki bir şeyden özellikle kaçtığını hissetmeye başladım ve bir süre sonra beraber keşfettik neden kaçtığını;

evde yalnız kalmaktan kaçıyordu. Bunun onun için ne anlama geldiğini sorguladıktan sonra, arka plandaki yalnız kalma korkusunu, hiç anne olamayacağım endişelerini keşfettik. Bugüne kadar zihninden hiç içeri almamıştı bu düşünceleri Kübra, hep kapıda bekletmişti. Seslerini duymamak için de, kendisini gerçekçi olmayacak kadar işkolik bir hale dönüştürmüş ve bu süreç de onu tükenmişlik sendromuna sürüklemişti. İşte bastırmak ve yüzleşme korkusu derken kastettiğim şey tam olarak bu.

Hayatın Kötü Giderken Hatırlaman Gerekenler

Hayatında birçok olumsuz şeyin bir anda üzerine geldiği oldu mu hiç? Eğer sen de benim gibi ya da diğer herkes gibiysen, senin de böyle bir dönemin olmuştur ya da belki de şu an böyle bir dönemin içindesindir. Böyle zamanlarda insan, ağır bir yükü sırtında taşırken bir yandan da kendinden koşması bekleniyormuş gibi bir hisse kapılır. Üzülürsün, öfkelenirsin ve kendi kendine söylenirsin. "Neden beni buluyor bunlar Allahım, neden hep kötü şeyler yaşamak zorundayım?" dersin. Evet bazı yaşantılar çok zordur, ama kim sana hayatın dertsiz olacağını söyledi? Bu konuda sana bir söz mü verildi? İnsan, yaşadıklarının üzüntüsü bir yana bir de neden diye sorgulamalara girdiği zaman işler daha da zorlaşır. "Neden bunu ben yaşadım? Ben bunu hak edecek ne yaptım?" sorgulamalarına başlayınca olayın kendisi zaten zorluyken, bir de üstüne adaletsizlik hissine kapılır.

Halbuki hayat ne iyidir ne kötü, sadece olduğu gibidir, daha önce de söylediğim gibi, olaylar tek başına anlamsızdır, onları olumlu ya da olumsuz hale getiren bizlerizdir.

Tam olarak nerede öğrendiğimiz belli değil ama nedense hep hayatımızın iyi geçeceğine dair derin bir inancımız var. Belki de önemli bir sorun yaşayana kadar daha önceki sorunsuz dönemin hep devam edeceğine ilişkin bir yanılsama bu. Ve kötü bir olayın nedense bizim başımıza gelmeyeceğini düşünürüz, başımıza kötü bir olay gelene kadar. Ama hayatın bize böyle bir vaadi yoktur, o sadece olduğu gibi gelir.

Tanımadığım insanlarla tanışmayı, hatta ilk kez gördüğüm bir insanla hayata dair derin konular konuşmayı severim, hele de bu insan görmüş geçirmiş birisiyse, benim için çok keyifli bir kitap okuyormuş gibi olur. Hayatımın zorlu bir döneminde, işimin olmadığı bir gün evde oturmaktan bunalmıştım ve dışarı çıkmak istedim. Bir parka gittim ve masa şeklindeki bankta oturan yaşlı amcaya selam verip yanına oturdum. Genel geçer sohbetten sonra ben amcaya dert yanmaya başladım, şunlar oldu bunlar başıma geldi derken bir süre soluksuz konuştum. O güngörmüş insanların huzurlu dinleme halini çok seviyorum. Bu amca da beni bölmeden, sıkılmadan dinledi. Konuşmamı bitirip, onun yorumunu beklercesine gözümü onun üzerine diktim. Onun ağzından sadece bir cümle çıktı: "Allah dertsiz bırakmasın oğlum." İlk duyduğumda, "Ne kadar da iyi birisine benziyordu, bu da ne şimdi, neden bana beddua ediyor?" dedim. Sonra biraz daha konuştuk ve neden böyle dediğini anlattı bana; dertlerin insanı diri tuttuğunu, bir yaşama amacı sağladığını, mücadelenin insanı ayakta tutan yegâne şey olduğunu söyledi. Eskilerde bana söylediği cümleyi dua niyetine söylerlermiş. Sanırım hayatımda gerçekten bir şeyler öğrendiğimi hissettiğim nadir anlardan biriydi bu sohbet.

Toplumun derinlerinde demlenen bu bilgelik hayatın sorunlu anlarında sihirli bir iksir gibi karşımıza çıkıyor hep. Psikoloji literatüründe yeniden çerçeveleme dediğimiz durumu o kadar güzel ve naif anlatıyor ki, Allah dertsiz bırakmasın duası. Yaşadığımız sorunlu zamanları yeniden çerçeveleyerek, bizi güçlendiren dönemler, zihnimizi canlı tutan yaşantılar olarak yorumladığımız zaman kendimizi kurban olarak değil, yaşadığı olumsuzluklardan da güç alan bir varlık gibi konumlandırıyoruz.

Yanlış Yere Odaklanmak

İnsanın çoğu zaman faydalı olan ancak bazı durumlarda ona zarar veren bir özelliği var: Zorlu zamanlarda, aynen bir kamera lensi gibi, problemle ilgili gözünden bir şey kaçmadığına emin olmak için problemin kaynağına zoom yaparsın. Ancak bazı problemler vardır ki sen ne yaparsan yap hemen çözülmez, zaman gerekir ilerleme kaydedebilmek için. Ve sen bu problemin kaynağına uzun süre odaklı halde kalınca dünyan da probleminden ibaret olmaya başlar. Çünkü o an için gözünün gördüğü tek alan problemli olan alandır ve dolayısıyla birçok şey kötü gidiyormuş gibi hissedersin. Aramana rağmen sana iyi hissettirecek bir şey bulamazsın. Bir süre zaman böyle geçtikten sonra, eskiden bu kadar üzülmediğin zamanlar sana eskimiş bir fotoğraftaki anılar kadar uzakmış gibi gelmeye başlar ve en sonunda sanki en başından bu yana üzülüyormuşsun ve bu durum hiç geçmeyecekmiş gibi gelmeye başlar.

Bu durum birçok insanın başına sıklıkla gelen bir algı yanılsamasıdır. İnsanın yaşadığı probleme odaklanması, bir süre çevresindeki insanlarla sadece bu konuyu konuşması, yatmadan önce bu konuyu düşünmesi çok doğaldır. Ancak bu süreç uzadığı zaman insan, onu besleyen sağlıklı kaynakları görmemeye başlar ve bunlardan uzaklaşır. Ruhsal anlamda beslenme zayıfladığı için, kişi her geçen gün yaşadığı problemin ona hissettireceğinden çok daha kötüsünü hissetmeye başlar. Bu kısır bir döngüdür. Bu kısırdöngüye girmemen için durumun farkında olman lazım.

Ayşegül, dört yıllık bir evlilikten sonra eşinin onu aldatması sonucunda çok zor bir süreç yaşayarak eşinden ayrılmıştı. Eşinden ayrılma süreci, hem maddi hem de manevi olarak çok zorlayıcı geçmişti Ayşegül için. Ayşegül eşinden boşandıktan yaklaşık bir yıl sonra neden hâlâ iyi hissedemiyorum, neden kendimi hâlâ toparlayamadım diyerek bana geldi. Görüşmelerimiz sonucunda Ayşegül'ün çok destekleyici bir ailesinin, uzun zamandır hayatında olan sevdiği yakın arkadaşlarının olduğunu öğrendim. İşindeki performansı boşanmanın sancılı zamanlarında, biraz düşüş gösterse de, genel anlamda işini ve çalışma ortamını seviyordu. Boşandıktan sonra hayatının nasıl gittiğini konuştuğumuz zaman, akşamları pek dışarı çıkmak istemediğini, odasına kapanıp, eski eşiyle yaşadığı problemleri, onun neden böyle bir şey yaptığını ve şu an neden dul kaldığını, neden başına böyle şeyler geldiğini düşünüyor ve kendince buna çözüm bulmaya çalışıyordu. Daha önce de bahsettiğim üzere, Ayşegül çoktan işlevsel olan düşünce kısmını geçmiş, çöp düşüncelerin içine yuvarlanmıştı. Gün içinde ya da nadiren akşamları arkadaşları ile buluştuğu zaman hep erkeklerden, aldatma hikâyelerinden konuşuyorlardı. Anne babasıyla kaldığı için, onlarla beraber oturduğu zaman konu bir şekilde yine eski evliliğine geliyordu.

Gördüğün üzere Ayşegül'ün zihni tamamen yaşadığı probleme odaklanmış durumda. Ve aslında odak açısını biraz genişletse, ilgilenebileceği, zaman geçirebileceği bir sürü imkân ve çevresinde onu destekleyen insanlar var. Ama birçok insan gibi Ayşegül de probleme odaklanmış vaziyette takılı kalmıştı.

Ayşegül yavaş yavaş bakış açısını genişletti ve hayatında ona iyi gelen şeylere de dikkat vermeye başladı. Ve eskiden ona zarar vermiş olan eski ilişkisini hem hayatında hem de zihninde geride bıraktı.

Buradaki örnekte de göreceğin üzere, dikkatini sorunlu alandan çekip hayatının geri kalan kısmına odaklanman her zaman sana daha iyi hissettirecektir. Benim hayatımda böyle iyi şeyler hiç kalmadı deme kesinlikle; gözden kaçırdığın, eskiden sana iyi gelen şeyler her zaman vardır. Sadece birazcık çaba gösterip, kendi geçmişinde dedektiflik yapman gerekecek. Bu konuda son olarak söylemek istediğim şey şu, ilk başta dikkatini sorunlu alandan çekmen kolay olmayacak. Diğer iyi görünen alanlara odaklanmaya çalışırken, kendini bu konuda isteksiz hissetmen ve zorlanman çok normal. Bu isteksizliğe rağmen devam etmelisin. Devam ettikçe anlayacaksın faydasını.

Yaşadığın Acıların Bir Anlamı Olmalı

İnsan acı çekerken, hep neden bunları yaşıyorum diye durmadan sorgular. Ama insanın olgunlaşma süreci düz bir çizgiden oluşmuyor hiçbir zaman. Başımıza iyi ya da kötü şeyler gelebiliyor bu süreçte. Ben insanın bu pişme sürecini, çayın demlenmesine benzetirim hep: Sen bir susun; hep çaya ulaşmayı ve demlenmeyi arzuluyorsun. Bu süreçte yavaş yavaş pişmeye başlıyorsun, ısındıkça kötü hissediyorsun, "Neden ısınıyorum, neden bunlar başıma geliyor?" derken acı gitgide artmaya başlıyor. Kendi içinden belki söyleniyorsun su olarak, tek istediğim çayla kavuşmak ve demlenerek güzel bir çay olmaktı, nedir bu çektiğim diye. Bu acı veren sıcaklık içerisinde günler geçerken birden fokurdamaya başlıyorsun ve içinde isyan yükseliyor, artık ben bu acıya dayanamıyorum diyorsun. Halbuki sana acı veren o fokurdama hali bir yandan bazı şeylerin zamanının geldiğini müjdeliyor sana. Kaynama haline ulaştıktan sonra çayla buluşuyorsun nihayet ve bir süre dinginlik hali geliyor üzerine. Bu dinginlik halindeyken, sorguluyorsun yaşadıklarını, neden sıcağa maruz kaldığını, neden acı çektiğini anlamaya başlıyorsun yavaş yavaş. Hiçbiri anlamsız değildi çektiklerinin, seni bu noktaya getirecek olan şeylerden birkaçıydı. İşte bu anlamlandırma süreci, demlenme süreci oluyor, sen anlamını buldukça demini alıyorsun aslında. Ve en sonunda inanılmaz canlı renkleri ve efsane güzel bir tadı olan bir çay oluyorsun. İşte yaşadığımız bütün acılar, belki biz bunları hak etmesek de bize farklı bir deneyim sunuyor, olgunlaşmamızı ve demlenmemizi sağlıyor.

Eminim, bir sürü zor şeyi atlattıktan sonra bile hayata daha huzurlu ve sakin bakabilen insanlara denk gelmişsindir. Bu insanlar nasıl oluyor da bütün bu yaşadıklarına rağmen böyle huzurlu kalabiliyorlar diye merak ediyorsan işte cevabı burada; yaşadığı acıları anlamlandırıp, kendi içlerinde sindirmişlerdir çünkü. Eğer başına gelen olumsuz olayları sadece, ben ne bahtsız bir insanım şeklinde yorumlarsan, yüz yıl bile geçse varabileceğin en uç nokta, ben neler çektim olacaktır ve dilinden şikâyet düşmeyecektir. Şikâyet içinde hissettiğinin yansımasıdır ama dilinden çıkan tekrar kucağına döner ve düşündüğün şeyi duymaya başlarsın ve bu bir döngüye dönüşür. Yıllar boyu şikâyet eden insanlar kendilerine ne kadar zarar verdiklerini fark etmezler.

Bir Tek Senin Başına Gelmedi

Yaşadığımız şeyleri bizim için daha ağır hale getiren bir diğer yanılsama da bu yaşantı sadece benim başıma geldi, benden başka kimse böyle bir şey yaşamadı bakış açısıdır. Yaşadıkları olayları böyle yorumlayan kişiler koskoca evrende kendilerini tek başına ve hatalı hissedebilirler. Bu durumu içinde yaşadıkça, bu hatalı hissetme hali bir suçluluk duygusuna dönüşebilir. Kişi herhangi bir ruh sağlığı problemi yaşasa bile sanki bu kendisinin hatasıymış gibi algılamaya başlar, dışarıdan bakınca sanki herkesin hayatı mükemmel giderken bir tek kendi dertlerle uğraşıyormuş gibi hisseder.

Düşünsene, öyle bir dünyada yaşıyorsun ki, diğer herkesten farklı hissediyorsun kendini, suçlu ve kusurlu. Yaşadığın şey her neyse, onun sana yaşattığından ziyade kendini suçlu ve lanetli hissedeceksindir böyle bir durumda. Bana gelen danışanlarımın bir kısmı, ilk seansta kendilerini çok gergin hissederler ve bu durumun sebebini şöyle tarif ederler: Size öyle şeyler anlatacağım ki, sonuçta şaşıracaksınız ve bana çok farklı gözlerle bakacaksınız. Bu cümleyi o kadar çok duydum ki. Bunun altında insanın kendisini çok uzun zamandır yaşadığı problem konusunda tek başına ve suçlu hissetmesi yatar. İlk seansta, gerçekçi olarak, bugüne kadar benzer ya da aynı problemden gelen başka danışanlarımın da olduğunu söylediğim zaman, danışanlarımın yüzündeki rahatlamayı izlemeyi severim. Aslında sadece çok basit bir bilgi veriyorum: Bu problemi bir tek sen yaşamıyorsun, yani yalnız değilsin, yanlış da değilsin.

Ve sadece belirli bir zaman diliminde bana gelen kişilerde bile çok fazla benzerlikler olabiliyorken, insanlık tarihi boyunca kim bilir neler yaşandı, ne acılar çekildi, senin yaşadığına benzer, belki de aynıları. O insanlar bu dertleri yaşadılar, çözdüler, belki unuttular ve en sonunda da göçüp gittiler buradan. Şarkılar, şiirler, romanlar ve efsaneler, hepsi insanların yaşadıklarından yola çıkarak yazılmadı mı? Neden insanlar acılardan bahseden böyle eserleri hiç unutmadı ve çok sevdi? Çünkü bu eserlerde kendi dertlerini gördü, kendi dertlerini yaşayan diğer insanları gördükçe rahatladı. Ben bir konuda kendimi çok yalnız ve gereksiz yere suçlu hissettiğim zaman, geçmişi düşünürüm, bugüne kadar yaşamış o kadar insanı ve onların dertlerini ve sonra kendime hep aynı telkini veririm, yalnız değilsin, yanlış da değilsin, sen sadece insansın, diğerleri gibi sorunlar yaşarsın ve sonrasında çözersin, çözemezsen de alışırsın...

2. BÖLÜM

İlişkiler

Melek Olsan Kanat Sesinden Rahatsız Olacaklar

Her insanın içinde bir potansiyel vardır, kişi bu potansiyeli ortaya koydukça kendi varlığını ve hayattaki duruşunu anlamlandırır. Ancak kendimiz için bir şey yapmaya kalkıştığımız zaman, hepimizin tosladığı bir duvar var: El âlem ne der? Bu durum öyle bir hal almış durumdaki, neyi giyeceğimizi, hangi mesleği seçeceğimizi, nasıl konuşacağımızı ve nasıl davranacağımızı etkiliyor. Senin gerçekte ne istediğinden ziyade, diğer insanların sen istediğin gibi davrandığın zaman sana nasıl tepki vereceklerini umursamaya başlıyorsun. Özellikle bizim toplumsal yapımızda bireysel gelişim önündeki en büyük engellerden birisinin bu olduğunu düşünüyorum.

Diğer insanların ne dediğini çok fazla umursayan insanlar, dışarıdan gelen her sesi çok ciddiye alırlar. Sanki her konuşan, uzun uzun düşünmüş, gerekli araştırmaları yapmış, bir şekilde senin içinde bulunduğun koşulları da göz önüne almış, senin ve yaptıkların hakkında yorum yapıyor. Halbuki diğer insanlar hakkında bolca konuşan insanların yaptıkları tek iyi şey sadece susmadan konuşmaktır. Konuşurlar konuşurlar, hiç düşünmeden öylesine konuşurlar. Ama eğer sen bunları çok umursayan biriysen, bu çok ve boş konuşan insanları da kendin gibi zannedersin, bir şey konuşuyorlarsa bir bildikleri var diye geçirirsin içinden, her konuşan insan seni etkiler. Burada dikkat etmen gereken önemli bir nokta var sevgili dostum, insanların büyük bir kısmı öylesine konuşur. Hatta şöyle diyebilirim sana, senin hakkında seni eleştiren yorumlar yapan birisine gitsen ve desen ki, ben senin dediğini yaptım ve başıma şöyle kötü işler geldi, o kişi muhtemelen sana, sen beni neden ciddiye aldın ki diyecektir. Buradaki problem, kendisini bile ciddiye almayan insanları senin ciddiye alıp ona göre hareket etmen veya etmemendir.

Belki de sen her titreşimin farkındasın, dışarıda olan birçok şeyi kendinle ilgili zannediyorsun, ancak sen değil bir başkası da olsaydı ve senden başka şekilde davransaydı insanlar yine konuşacaktı, memnun olmayacaktı ve şikâyet edecekti. Yani aslında durum seninle ilgili değil, bu genel bir insanlık virüsü. Ama sen aslında seninle ilgili olmayan bir konuyu kişiselleştirdiğin için, kendi potansiyelini ve kişiliğini ortaya koymakta çekinceler yaşayacaksın, bu da seni olumsuz etkileyecek.

Bu durum, konuşan herkesin boşa konuştuğu anlamına gelmemekte elbette. Bazı insanlar vardır ki, senin iyiliğini düşünür, senin hakkında yapıcı eleştirilerde bulunur. Bunu ayırt etmen, sağlıklı eleştirileri kabul etmen konusunda yardımcı olacaktır. Yani konuşanların bazıları boş konuşurken bazısı da gerçekten senin iyiliğini isteyip, kendi tecrübelerinden yola çıkarak sana yardımcı olmak isteyenlerdir. Ancak boş konuşan ve pek de iyi niyetli olmayan insanların da büyük bir kısmı kendilerini ikinci gruptaki iyi niyetli insanlar gibi tanımlayabilirler, bu konuda dikkatini sadece kişinin söylediklerine değil, davranışlarına, geçmişteki sana yaklaşımlarına bakarak anlamaya çalışabilirsin. İlk başlarda bu kolay olmayacaktır ama sen bir kere bazı insanların iyi niyetli olmadığını ve boş konuştukları fikrini kabul ettikten sonra eninde sonunda böyle insanları tanıyacaksın.

Bu insanları ayırt etme konusunda yardımcı olacak bir diğer ipucu da, onların sana yaklaşım şeklidir. Boş konuşan insanlar genelde senin kararlarını ve yaptıklarını eleştirirler. Örneğin, bu arabayı mı aldın, bu okula mı gittin, bu kıyafeti mi aldın, bununla mı evlendin gibi. Sana bir alternatif ve çözüm sunmaz söylediklerinin içerisinde, sadece seni eleştirir. Ama sana destek olmak isteyen insanlar, seni kırmamaya özen gösterirler ve söylediklerinin içinde her zaman bir alternatif ve çözüm önerisi sunarlar. Ben kendi hayat yolumda ilerlerken, boş konuştuğunu düşündüğüm insanların söylediklerini artık hiç ciddiye almıyorum, onlar her zaman konuşur diyorum. Eğer ki onların her söylediğini ciddiye alsaydım, bir adım atmakta bile zorlanabilirdim. İyi niyetli olduğunu düşündüğüm insanların söylediklerini ise, değerlendirmeye alıyorum, mantıklı bulduğum yönlerini uygulamaya geçiriyorum.

Diğer insanların senin hakkında konuştuklarından kurtulmak için izleyebileceğin en yanlış yol, onları susturmak için onların dediği gibi davranmak olurdu sanırım. Eğer bu insanları tribünden seni izleyen insanlar gibi düşünürsen, sen ne yaparsan yap her zaman eleştirecek olumsuz bir şeyler bulacaklardır senin yaptıklarında; sen saha içinde sağa gitsen neden sola gitmedin, sola gitsen neden sağa gitmedin diyeceklerdir. Ve eğer sen bunu alışkanlık haline getirirsen, hem başka insanların seni biçimlendirmesine izin vererek kendi benzersiz benliğinden uzaklaşarak bambaşka bir şeye dönüşeceksin hem de o insanları susturamayacaksın, yani iki kere mutsuz olacaksın. Başta söylediğim gibi, en temel yanılgın, her konuşan insanın mantıklı bir sebeple konuştuğuna yönelik inancın ve bundan dolayı onları ciddiye alman. Halbuki sen melek olsan, kanat sesinden rahatsız olacak insanlar olacaktır.

Ya Termometre Bozuksa?

Diğer insanların söylediklerini kafaya takan, her şeyi doğru şekilde yapmaya çalışan insanları her zaman fazla naif ve kibar buluyorum. Böyle insanlar bazen hayatın çetin ortamında, iyi niyetleri ve hassas olmaları sebebiyle fazlaca üzülebiliyorlar. Ve böyle insanlar, bu özellikleri sebebiyle daha baskın ve manipülatif insanları üzerine çekebiliyorlar. Eğer böyle biriysen, çevrende seni fazlaca eleştiren, yönlendirmeye çalışan, hevesini kıran insanlar daha da fazla olabilir. Ama bu durum dünden bugüne oluşmamıştır, sen en başından bu yana bu şekilde kişilik özelliklerine sahip olduğun için, ilkokulda bile böyle arkadaşlıkların içinde bulunmuş olabilirsin. Doğal olarak bir şeye çok uzun süredir maruz kalıyorsan ve sağlıklı alternatifini hiç deneyimlememişsen, işin doğalının bu olduğunu ve başka bir ilişki biçiminin olmadığını düşünürsün ve hiç sorgulamazsın. Senin bu durumu doğal kabul ediyor olman, bu tür insanların ve ilişkilerin sana zarar vermesine engel değildir kesinlikle. Çevrendeki bu tarzda insanlar seni yönlendirmeye çalışırlar, kişiliğini ve davranışlarını eleştirebilirler. Ancak sen bunu çok uzun süredir yaşadığın için onların doğru söylediğini düşünürsün ve bir süre sonra kendini onların gözünden görmeye başlarsın. Bu duruma güzel bir örnek oluşturduğunu düşündüğüm bir danışanımın hikâyesini anlatacağım sana.

Suat, bir okulda idari görevde bulunan bir öğretmendi. Kendisini işinde çok başarısız hissettiği bir dönemde istifa etmeyi düşünürken, psikolojik yardım almaya karar vermiş ve bu kararı psikoterapi sürecinin sonunda vereceğini düşünerek bana başvurmuştu. Suat'ın geçmişini konuştuğumuzda, bir türlü memnun edemediği ve devamlı onu başarısız gören bir baba ve babasının bu yaklaşımından Suat'ı koruyamayan pasif bir anne figürü dikkatimi çekmişti. Suat böyle bir aile ortamında yetişmesine rağmen, çoğu zaman sınıfının en başarılı öğrencileri arasında olmuştu hep. Üniversite sürecine geldiğinde, çok istekli bir şekilde öğretmenlik okumaya karar vermiş ve üniversiteyi dereceyle bitirmişti. İş hayatı süresinde birçok değerli projenin hazırlık aşamasında yer almış, çalıştığı üç işyerine çok ciddi katkıları olmuştu. Suat bana bunları anlatırken, ben şaşkınlık içerisindeydim, en başta bana işinde başarısız olduğunu hatta bundan dolayı işinden istifa etmeyi düşündüğünü söylemişti, şu anda acaba başka birini mi anlatıyor diye içime bir şüphe düştü. Dayanamayıp sordum "Suat, sanki iki farklı kişiden bahsediyor gibisin, birincisi başarısız olduğunu iddia ettiğin kişi, diğeri de yıldız gibi parlayan birisi hangisi gerçek?" diye. "Nasıl yani?" dedi Suat. "Ben bunları yaptım ama bunlar benim başarılı olduğum anlamına gelmiyor ki. Okuldaki birkaç meslektaşım durmadan benim başarısız olduğumu söylüyor, dikkat çekmek ve makam mevki için yapıyormuşum bütün bu projeleri. Babam hâlâ, neden daha üst bir mevkiye gelemedin diye eleştiriyor beni. Hatta en samimi arkadaşım bile geçen aldığım takım elbise konusunda, giyinmeyi bile bilmiyorsun Suat dedi bana."

Suat'ı dinledikçe, çevresindeki insanların ona bakış açısının Suat'ın kendisine bakış açısını belirlediğini fark ettim. Suat hiçbir şekilde, insanlar neden bana böyle diyor kısmını sorgulamıyordu, diğer insanlar ne söylüyorlarsa haklıydılar. İşte tam burada bir örnek vermek istiyorum, hayattaki olayları ölçtüğümüz bir termometre olduğunu varsayalım. Aynen suyun sıcaklığını ölçer gibi bu termometreyle kendimizi iyi ya da kötü noktasında değerlendiriyoruz. Eğer ki kendi termometremiz kendi içimizde değilse, çevremizdeki insanları termometre olarak değerlendiririz ve onların bizi ölçtüğü değerleri gerçek kabul ederiz. Termometrenin doğru çalıştığını varsayarız. Ama ya termometre bozuksa ya da taraflı ölçüm yapıyorsa? Seni olduğundan az ya da bazen fazla gösteriyorsa, işte böyle zamanlarda sorunlar ortaya çıkar.

Suat küçüklüğünden bu yana çevresindeki insanları kendi termometresi olarak belirlemişti. Babasının devamlı yetersiz hissettirmesi, onun diğer insanları kendinden üstün ve daha doğru kabul etmesinde etkili olmuştu. Beraber çalıştığımız süreçte, çevresindeki insanları ve onların yaklaşımını değerlendirdiğimizde çok da şaşırtıcı olmayan şeyleri fark ettik. Suat'ın başarılarının emsal konumdaki meslektaşları tarafından kıskanılıyor olması, en yakın arkadaşının devamlı Suat'ı yönlendirmeye çalışması ve kıyafet konusunda bile hep kendi isteğinin yapılmasını istemesi ve Suat kendi istediği takım elbiseyi alınca onu zevksizlikle suçlamasını fark etmek benim için şaşırtıcı olmasa bile Suat bu durumlara çok şaşırmıştı. Suat bugüne kadar kendini ölçerken hep diğer insanları termometresi olarak görmüş ve onların söylediği her şeyi doğru kabul etmişti. Ama gördüğün üzere termometre bazen bozuk olabilir, bazen de kıskançlık, öfke vb. duygular sebebiyle yanlış ölçüm yapabilir. Bunu fark edebilmek bile kişinin kendisinde önemli değişimler yapacaktır.

Herkesin Seni Sevmesine Gerek Yok

Hepimiz diğer insanlar tarafından sevilmek isteriz, bu insanın varoluşunda olan bir özelliktir. Çünkü diğer insanlar tarafından sevilmek, çok eski zamanlarda da şu anda da senin gruba dahil olmanı sağlar ve grubun koruyucu şemsiyesinin altına seni de alır. Böylece karmaşık ve güvenilmez dünya ortamında sen güvendiğin insanlarla birlikte olmuş olursun. Bu sebeple yakın ilişki içinde olduğun insanların sana karşı olumlu duygular beslemesi hem fiziksel anlamda hem de psikolojik anlamda faydalıdır. Buraya kadar her şey çok doğal, bazı insanların seni sevmesini arzuluyor olmanda garip bir durum yok. Ancak bazı insanlar bu sevilme beklentisini "yakın ilişki içinde olduğum insanlar" seviyesinden "herkes" seviyesine çıkarırlar, yani kendisini tanıyan herkesin kendisini sevmesini umarlar. Eğer ki, birisi kendisini sevmezse ya da olumsuz bir yaklaşımda bulunursa, ortaya ciddi ruhsal bir gerginlik çıkar. Herkesin kendisini sevmesini bekleyen kişi, çevresinden birisinin onu sevmediğini düşündüğü anda kendisini değersiz hissetmeye başlayabilir, içinde bir yerlerde bir ses, "Sen sevilmeye layık birisi değilsin, bu yüzden kimse gerçekten seni sevmeyecek" diyebilir. Aslında çok insani olan ve her insanın başına gelen, bazı insanlar tarafından sevilmeme gerçeği, senin için kendinle alakalı ve sevilmeye layık olmadığın noktasına gelir. Bu durumla baş etmek gerçekten zorludur.

Herkesin seni sevmesini beklersen, seni sevenlerle yetinemezsin. Çünkü çoğu zaman, seni sevenler dikkatini çekmez. Her zaman seni sevmeyenlere odaklanırsın ve kendini onlara sevdirmeye çalışırsın. Bu bir döngü halini alır ve her daim bir eksiklik hissedersin.

Karşılaştığım vakalarda, herkesin kendisini sevmesini bekleyen kişilerin geçmişinde, dolmayan sevgi depoları olduğunu görüyorum. Temsili olarak her insanın içinde dolması gereken sevgi depoları var; anne ve baba ya da bakım veren kişi tarafından dolması gereken sevgi depoları. Anne ya da babadan alması gereken sevgiyi alamayıp olumsuz tutumlarla karşılaşan çocuklar, bu sevgi eksikliklerini büyüdükçe yanlarında taşıyorlar. Anne ya da babadan birinin çok verici olması sadece kendi deposunu dolduruyor, yani anne iyiyse anne deposu doluyor, annenin iyiliği babanın deposunu tam anlamıyla dolduramıyor maalesef. Ve bunu en korunmasız zamanında yaşayan çocuk, bu eksikliği en derininde hissederek bu kısma takılıyor. İleriki yaşlarında ne zaman birisinin kendisini tam anlamıyla sevmediğini hissetse, geçmişindeki sevgi göremeyen çocukluk şablonu tekrarlanıyor ve o yaralı çocuk kontrolü ele alıyor. Beni sev moduna girip aslında kendi kişiliği için uygun olmayan şeyleri yaparak kendinden uzaklaşabiliyor.

Geçmişindeki sevgi eksikliğinin tamamlanması için herkesin onu sevmesini bekleyen birinin dikkatini de çoğunlukla onu sevmeyen insanlar çekiyor. Gerçekten onu seven insanlardan ziyade, sevmeyen ve sevmeme ihtimali olan insanları düşünüp, bu insanlar için kaygılanıyor ve bu insanları memnun etme gayretine girebiliyor. Çünkü kafasında cevap vermek istediği bir soru var: Ben sevilmeye layık bir insan mıyım? Bu sorunun cevabını alsa da bu sadece bir sonraki insana kadar sürüyor. Çoğu zaman sahne benzer şekilde tekrarlanıyor ve her seferinde bir kriz çıkıyor.

Herkes beni sevsin beklentisinin bir diğer sebebi de ilişkilere mükemmeliyetçi yaklaşım olabiliyor. İlişkilere mükemmeliyetçi bir yaklaşımla bakan biri, birisinin onu sevmemesini kendi hatası olarak görüp bunu başarısızlık olarak değerlendiriyor. Bu yaklaşımda olan kişiler için kendilerinin hata yapması ihtimali çok korkutucudur, çünkü onlara göre hata yapmak affedilmesi çok zor olan ve kişinin yetersiz olduğunu gösteren bir işarettir. Bundan dolayı ilişkilere mükemmeliyetçi yaklaşan birisi için birisinin onu sevmiyor oluşu, kendisinin yetersiz oluşuyla ilgilidir. Bundan dolayı herkesi memnun etmeye çalışabilir ve böyle davranırken kendisinden uzaklaşır.

Eğer fark ettiysen herkesin kendisini sevmesini bekleyen insanlar, bazı insanların kendilerini sevmiyor oluşunu tamamen kendisine bağlıyorlar. Böyle olunca, durum dayanılması çok zor bir hal alıyor ve bu insanlar kötü hislerden kurtulmak için bambaşka şekilde davranarak kendinden uzaklaşıyor ve bu sefer biraz erteleyerek de olsa kendisini yine ve daha fazla kötü hissediyor. Halbuki insanlar renkler gibi çeşit çeşittir, bazı renkler birbiriyle uyumluyken bazı renkler birbirine pek uymaz, yan yana geldiğinde estetik olmayan bir görüntü ortaya çıkabilir. Bundan dolayı bir rengin diğer rengi suçlaması çok garip olurdu değil mi? İşte bazı insanların seni sevmemesi de tam olarak böyle bir şey; doğal olarak bazı insanlarla kendini çok iyi hissedersin ve onları seversin, bazen de frekansının tutmadığı insanlar olabilir ve karşı tarafı çok fazla sevmeyebilirsin. Yani aslında çok insani bir şeyden bahsediyorum burada, bazıları seni sever bazıları ise sevmez; sen kim olursan ol bu durum değişmez. Bunu fark etmek sadece ilk adımı atmak olacaktır. Eğer bir şekilde insanların seni sevmesi için çaba gösterme arzuna direnç göstermezsen bir süre sonra kendini tekrar aynı şeyi yapıyorken bulabilirsin. Birisinin seni sevmediğini hissettiğin zaman onun sevgisini kazanabilmek adına içinden çok güçlü bir istek gelecek, işte böyle durumlarda bu isteğe karşı koymalı ve kendin gibi davranmayı en azından denemelisin.

Gözlerini Seni Sevmeyenlere Değil Sevenlere Çevir

Bazen farkında olmadan hepimiz bizi seven ve bize hak ettiğimiz değeri veren insanları cepte görmeye başlarız ve sanki onlar her zaman orada bir yerlerde bizi sevmeye devam edecekler gibi düşünüp, bizi sevmeyen insanlara çeviririz gözlerimizi. Böyle olunca her daim bir endişe hali olur içimizde. Çünkü gözümüz ve odak noktamız her daim bizi sevmeyenlerde ya da bize değer vermeyenlerde olur. Bunun sonucunda, zihnimiz hesap yaparken bizi sevenleri çok az hesaba katar ve sanki şu koskoca dünyada hiçbir insan bize hak ettiğimiz değeri vermiyormuş gibi hissederiz. Biraz önce söylediğim gibi, hayatımızın her aşamasında bizi seven ve sevmeyen insanlar olacak, bu kaçınılmaz. Elbette ki, bazı sorunlu durumlarda, aslında iyi olabilecekken problemlerin baş göstermeye başladığı ilişkilerimizi düzeltmeye çalışabiliriz, bu durumda hiçbir sorun yok. Ancak bazen ne yaparsan yap, bazı insanlarla uyum sağlayamazsın. Böyle durumlarda var olan iyi ilişkilerine dönmek, onlarla vakit geçirmek yerine, enerjini uzun zamandır umut vermeyen ilişkilere verirsen hem elindeki güzel olan ve daha iyi yerlere gelebilecek ilişkileri ihmal etmiş hem de enerjini boşa harcayarak kendini huzursuz bir ruh haline sokmuş olursun.

Bazı insanlar vardır ki, enerjisiyle, içinin güzelliğiyle girdiği ortamı, dokunduğu insanı güzelleştirir. Birçok insanın hayatı boyunca en azından bir kez böyle bir kişiyle yolu kesişir ama fark edemez. Güzel insanları fark etmek için dikkatini onlara doğru çevirmelisin.

Maalesef ki hayatımızın büyük bir bölümünde insanları önce kafamızda biçimlendiriyoruz, sonrasında gerçekleri kafamızda biçimlendirdiğimiz haline uydurmak istiyoruz. Durum böyle olunca, aslında hiç olmayacak insanlara sırf kafamızdaki haline olur da uydurabilirsek diye, çok fazla emek harcıyoruz. Bunun başlangıç noktasını neredeyse bütün insanlar yaşıyor ama önemli olan kısmı sonrasında olmayacağını anlamak. Yıllar geçmesine rağmen hâlâ zihnindeki hayalin peşinden koşan o kadar çok insanla karşılaştım ki; böyle insanlar karşısındaki insan pek çok farklı yolla aslında "Ben senin için iyi değilim" dese bile, bunu görmezden gelip, kayıp diyarlarda altın peşinde koşan eski maceracılar gibi hayatlarını hayallerinin içinde eritiyorlar.

Olur da fark edebilirsen ve gözlerini gerçekten seni seven insanlara çevirebilirsen, ilk başta sana biraz sıkıcı gelmesine rağmen, enerjini gerçekten seni seven insanlara harcayabilirsen, ruhsal dengenin daha iyiye doğru gittiğini fark edeceksin. Zamanını böyle insanlarla geçirdikçe, benlik değerin ve kendine olan inancın yükselecektir. Bunu bir yenilgi gibi düşünmemeni öneririm sana, başta söylediğim gibi bazen bazı insanlar sen ne yaparsan yap seni sevmeyeceklerdir. Hem kendimde hem de danışanlarımda gözlediğim bir durum var, iyi olan ilişkilere, seni seven insanlara daha çok zaman ayırdıkça ve önem verdikçe, bu ilişkiler çok daha iyi yerlere geliyor ve insanın ruhunu besleyen en önemli kaynaklardan biri oluyor. Ama sen elinde olanları ihmal edersen, bir süre sonra iyi de olsa her ilişki sıradanlaşma eğilimi gösteriyor.

Has Dairene Herkesi Almamalısın

İnsan en temelinde hem hassas hem de âciz bir varlık. Bir insan ne kadar güçlü görünürse görünsün, onun da zayıf ve korunmasız yönleri vardır, sadece çok iyi kamufle etmeyi öğrenmiştir. Âciz olduğumuz gerçeği insan doğamızda barışmamız gereken bir tarafımız sadece. İnsan temelde âciz olduğunu anladığı zaman bazı şeyleri çok daha kolay kabullenebiliyor. Bundan dolayı çevremizde olan olaylardan, zehirli insanlardan, olumsuz hayat koşullarından, bazen havanın kapalı olmasından bile etkileniyoruz. İşte etkilendiğimiz şeylerin başında gelen şeylerden biri, kendimizi korumamız gereken insanlarla olan ilişkilerimiz hakkında anlatmak istediklerim var sana.

Her insanın içinde bir yerlerde temsili olarak bir ana merkez olduğunu hayal etmeni istiyorum. Bu merkezde sana dair bütün önemli bilgiler, güçlü ve zayıf yanların, hayallerin, hayal kırıklıkların, yani seninle ilgili önemli olan her şey yer alıyor. Burası senin merkez noktan. Şimdi bu noktayı merkeze alarak küçük bir daire çiziyorum. Bu daire senin has dairen oluyor. Bu dairenin içinde olan kişiler seninle ilgili en önemli şeyleri bilen ve sana en yakın olan insanlar. Sonra ilk daireyi de kapsayacak şekilde bir çember daha çiziyoruz. Buradaki bölümün içinde sana yakın olan, ancak en özeline almak istemediğin insanlar var. Sonra bir çember daha ekleyerek her seferinde sana yakınlığı azaltarak insanları ekliyoruz.

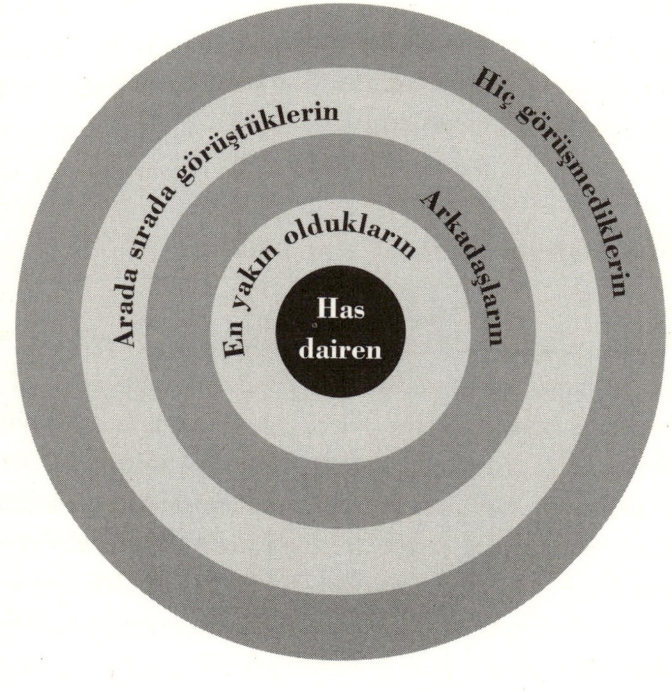

Her çemberle beraber insanların sosyal mesafesi sana daha uzak oluyor gibi düşünelim.

Dünyaya geldiğin noktadan itibaren senin kontrolünde olmadan has dairene annen, baban ve varsa kardeşlerin yerleşir. En yakınındaki insanlar belli bir aşamaya kadar onlar olacaktır. Kreşe ya da okula başlamanla beraber yavaş yavaş diğer daireler de dolmaya başlar. Eğer has dairende olan annen, baban, kardeşlerin ya da sana birinci dereceden bakım veren kişiler seni destekliyorsa, sana şefkat gösteriyorsa, bir problem yoktur. Ancak has dairedeki insanlar yapmaları gerekeni yapmıyorlarsa ya da sana kötü davranıyorlarsa sen bir süre sonra zarar görmeye başlarsın. Çünkü ana merkez hasar görmeye başlar.

Bu daireler sistemini bir harita gibi düşünebilirsin, bir insan ana merkeze ne kadar yakınsa yani has dairede ise, sana iyi hissettirme ya da kötü hissettirme gücü o kadar yüksektir. Sonraki halkalarda insanların seni iyi ya da kötü anlamda etkileme gücü gitgide azalmaya başlar. Örneğin dışarıda seni hiç tanımayan bir insanın sana söylediği herhangi can sıkıcı bir söz geçici bir süre seni etkiler, çünkü bu kişi halkaların en dışındadır, seni etkileme gücü çok düşüktür. Ama has dairende olan birisi bir şey söylediği zaman bunu çok daha fazla ciddiye alırsın ve eğer söylenen şey olumsuzsa seni etkileme gücü çok daha fazladır. Çocukken halkalara yerleştireceğimiz insanlar konusunda seçim yapma şansımız çok fazla yoktur, doğal olarak aynı evde yaşadığımız insanlar en merkezde olur. Ama insan büyüdükçe halkalara kimi yerleştireceği konusunda güç sahibi olmaya başlar. Seni üzen, iyi niyetli bulmadığın insanları dış halkalara doğru uzaklaştırırsın ya da en sonunda tamamen hayatından çıkarırsın. Bazen sana zarar verecek insanları en merkeze alırsın ve bu durum seni ciddi anlamda üzebilir ve bazı durumlarda travmatize bile edebilir.

Hayatındaki insanları konumlandırırken, bu halkaları kullanabilirsin. Bazı durumlarda çevremizdeki insanlar bize zarar vermesine rağmen onları hayatımızdan tamamen çıkartmamız mümkün olmayabilir, çünkü bu insanlar kardeşimiz, annemiz veya babamız olabilir. Ama zihinsel anlamda onları has dairede tutmaya devam edersen, çocukken seni nasıl etkiliyorlarsa şu anda da aynı şekilde etkilemeye devam ederler. Bunun için zararlı olduğunu düşündüğün insanları has dairene almamalı, olur da geçmişte bir yerlerde aldıysan onları dış halkalara doğru uzaklaştırmalısın. Bunu fiziksel olarak yapamasan da zihinsel olarak yapman için, o kişilerin tavırlarının kendileriyle ilgili olduğunu, onların anne ya da baba olmalarının her şeyi doğru yapabilecekleri ya da söyledikleri anlamına gelmeyeceğini kendine telkin edebilirsin. Ayrıca, onların sana yaklaşımlarına cevap vermek yerine uzak durarak tuzaklara düşmeyebilirsin. Kendini anlatma ve onlara ispat etme çabasına girmeyerek, onları değiştirmeye çalışmaktan uzaklaşarak zihinsel olarak onları merkezden uzaklaştırabilirsin.

Has daire aslında çok korunaklı bir alan gibidir. Birisinin oraya girmesinin yolu, zihninin o kişiyi güvenilir ve iyi olarak kabul etmesinden geçer. Zaten sonrasında, bu kişi eğer sana zarar veren birine dönüşürse, senin bundan çok etkilenmenin sebebi zihninin o kişiyi güvenilir ve iyi kabul etmesinden dolayı, o kişinin yaptıklarına karşı savunmaya geçmemesi ve hatta bazı durumlarda kendisini suçlamasıdır.

Ben hem zihinsel hem de fiziksel anlamda kendi hayatımda da bu halkaları sıklıkla kullanıyorum. Örneğin beraber çalışmak zorunda olduğum bir insan bana zarar verme eğilimindeyse ve bu tekrar tekrar oluyorsa onu zihinsel olarak merkezden olabildiğince uzaklaştırıyorum. Daha az görüşmeye çalışıyor, onun zehirli alanına girmemeye çalışıyorum. Ayrıca onun yaptığı kötü şeylerin benim hatalarımdan dolayı değil kendi sorunlarından kaynaklandığını düşününce her şey çok daha kolay ve katlanılabilir gelmeye başlıyor. Ya da zamanında samimi olduğum ancak bana zarar verdiğini düşündüğüm insanlarla eskiden haftada birkaç kere görüşüyorsam, bu sıklığı azaltıyorum. Azalttığım şekilde hâlâ zarar görüyorsam, aşama aşama azaltmaya devam ediyorum, ta ki zarar görmediğimi hissedene kadar, bu o kişiyi tamamen hayatımdan çıkartmak anlamına gelse bile.

İnsanın kendisine değer vermesi gerektiğini düşünüyorum, uzun yıllar boyunca yanlış insanları has daireme yaklaştırıp, yaşadığım hayal kırıklıklarını düşününce, şu an bu yöntemi çok makul buluyorum. Eğer ki kişi kendisini psikolojik olarak korumayı beceremezse, uzun vadede zarar görüyor ve bu durum psikolojik problemlere neden olabiliyor.

"Kendinize depresyon ya da itibar kaybı teşhisi koymadan önce, çevrenizdeki insanların aşağılık insanlar olmadığından emin olun." William Gibson

---

Zehirli İnsanlar ve Kullandıkları Yöntemler

Çevrendeki insanları düşünmeni istiyorum, sevdiğin sevmediğin, belki bir şeyler hissetmediğin, hepsini düşün. Bu insanlar hayat yolunda sana bir şekilde temas eden insanlar. Bunlardan bazıları ile beraberken ve hiçbir şey hissetmezken sonrasında üzerine adını tam koyamadığın bir ağırlık çökebilir. İşte seni olumsuz etkileyen, sana psikolojik olarak zarar verme ihtimali olan insanlara zehirli insan diyorum ben. Zehirli insanlar her daim has dairemize girmeye çalışırlar ve başarılı olurlarsa bizi olumsuz etkileyebilirler. Zehirli insanları hayatımızdan tamamen çıkartmamıza gerek yoktur, bazen, sadece onun böyle bir yapıda olduğunu bilip, zihinsel olarak onu öyle etiketlediğimiz zaman kendimizi korumamız mümkündür.

Bu insanlardan bazıları ile birkaç saat vakit geçirdikten sonra eve geldiğinde suratın asık, depresif ve enerjin bitik hissedebilirsin, sanki ruhundan bir şeyler çekilmiş gibidir. Onun problemleri senin derdin tasan olur, birileri hakkında yine çok fazla konuşmuşsundur, belki öfkelisindir ya da yorgun, çünkü onu bazı konularda ikna etmeye çalışmış, dertleri hakkında ona önerilerde bulunmuşsundur ancak sonuç çoğu zaman olduğu gibi yine hüsrandır, çünkü o bildiğini okumaya devam eder. Ona hayır diyemediğin için yapmak istemediğin bir şey yapabilir, girmek istemediğin bir ortama girebilir veya gitmek istemediğin bir yere gidebilir ya da onun hatırı için koca bir sorumluluğun altına girebilirsin.

Bu örnekteki gibi herkesin hayatında, her zaman insanın kendisini geliştirme potansiyelini engelleyen, yavaşlatan veya sabote eden insanlar olabilir. Herhangi bir sebepten ötürü seni yavaşlatabilirler veya ilerlemene engel olabilirler. Bu insanlardan bazıları eğer sen fazla gelişirsen artık onların hayatında olmayacağını düşünebilir, bazıları senin olumlu anlamda değiştirdiğin şeylerin onlardaki eksikleri ortaya çıkaracağını düşünüyor olabilirler. Belki de değişim ve gelişim fikrini tehdit olarak algılıyorlardır. Her ne sebeple olursa olsun onlarla arana bir mesafe koyman gerekir ve bunun niçin öncelikle onları ve sende yarattıkları etkileri bilmen kendini korumana yardımcı olacaktır.

Duygusal Dengesizlik

Zehirli insanlar duygusal açıdan dengesiz olabilirler. Aniden soğuk, üzgün, huysuz, alıngan veya katı davranabilirler. Bir şeylerin ters gittiğini anlarsın ama sorunun ne olduğunu sorduğunda cevap "Yok bir şey" olur. Ve sen bir hata yaptığını düşünür, ne olduğunu bulmaya çalışırsın, bunu yaparken de kendini onu mutlu etmeye çalışırken bulabilirsin. Küçük ya da büyük her problemde karşılaştığın bu tavır seni çok fazla yorabilir, çünkü net bir şekilde karşı taraf bir şeyden dolayı rahatsızdır ve görünürde ortada bir sebep yoktur. Sen elinden geldiği kadarıyla durumu öğrenmeye ve yardımcı olmaya çalışırsın ancak karşı taraf farklı davranmasına rağmen ısrarla bir şey olmadığını iddia eder. Eğer ki sen bu konuda korunmasızsan, farkında bile olmadan kendini suçlamaya başlayabilirsin. Halbuki senin fark etmediğin çok önemsiz bir ayrıntı bile problem olmuş olabilir ya da karşı taraf sadece ilgi görmek bile istiyor olabilir. Karşı tarafın üstüne düşerek onun bu davranışlarını pekiştirebilirsin. Ortada görünür anlamda bir sebep olmadığını düşünüyorsan ve karşı tarafa sormana rağmen bir yanıt alamıyorsan, karşı tarafın üstüne düşmeden geride durman yeterli olacaktır. Bazı durumlarda şaşırtıcı bir şekilde çok kısa sürede bile karşı tarafın bu tavrı değişebilir. Önemli olan, senin onun duygusal değişimlerine kapılmaman ve onu kendi haline bırakmandır.

Manipülasyon

Zehirli insanların bir diğer özelliği ise manipülasyondur yani durumu kendi çıkarları doğrultusunda kullanmaları veya yaptıkları bir şeyi aslında başka bir amaç için yapıyor olmalarıdır.

Daha basit bir şekilde söylemek gerekirse seni kendi istekleri için kandırmaları diyebiliriz bu duruma. Fiziksel anlamda manipülasyonlara karşı genelde daha korunaklıyızdır. Çünkü çevremizde birçok insanın başına somut kandırmalar gelmiştir veya dolandırılmıştır. Ancak psikolojik manipülasyonlar bu kadar belirgin ve gözlemlenebilir olmadığı için, daha az fark edilir ve dolayısıyla insanların hazırlıksız yakalanma ihtimali çok daha yüksektir.

Kişisel ilişkilerinde manipülasyonu kullanan insanlar aslında kendi çıkarlarını düşünmelerine ve buna yönelik hareket etmelerine rağmen, durumu bunun tam tersiymiş gibi yansıtırlar karşılarındaki insana. Örneğin, o senin istediğin yerde değil ama başka bir yerde yemek istemektedir fakat bunu senin istediğin yerin kötü olduğunu söyleyerek ifade edebilir. Senin sana göre sağlıklı bir kilon vardır ama karşı taraf durmadan senin kilolu olduğunu ve bu halinle çok çirkin göründüğünü söyler. Sen bu duruma itiraz edip rahatsız olduğunu söylediğinde aldığın cevap seni şaşırtabilir çünkü karşı taraf sadece senin iyiliğini düşündüğü için bunları söylediğini ifade edecektir. Senin arkadaşlık ve aile ilişkilerine karışabilir ve kısıtlayabilir ama bunun nedenini açıklarken onların çok da iyi niyetli olmadığını bu sebeple aslında seni koruduğunu ifade edebilir. Bu şeylerin senin iyiliğin için yapıldığının söylenmesine rağmen bu işte yönlendirilen sensen ve karşı taraf bunu çok sık yapıyorsa maniple ediliyor olabilirsin. İlişkilerde önemli olan kararların birlikte ve içe sinerek alınmasıdır. Eğer içine sinmeyen bir şeyler varsa bunu sorgulamanı öneririm. Böyle durumlarda oyunu açık etmek işe yarayabilir. Bazı durumlarda kişi kendi isteklerini direkt olarak ifade etmekten çekiniyor olabilir. Eğer sen bu durumdan rahatsız olduğunu ve asıl niyeti anladığını ifade edersen böyle insanlar yaklaşımlarını değiştirebilir. Ancak karşı taraf yeterince iyi niyetli değilse oyunu açık etmen ve neden böyle istediğini anladığını ifade etmen karşı tarafı uyarabilir ve daha dikkatli davranmasını sağlayabilir.

Kendini İspatlama

Bazı durumlarda zehirli insanlar ortaya koyduğun davranışlar konusunda devamlı olarak seni açıklama ve ispatlama yapmak durumunda bırakabilirler. Diyelim ki sen, ailenle zaman geçirmek istersin, o farklı bir yere gitmek ister, ama sen kendini açıklamak zorunda kalırsın, "Uzun zamandır onları ziyaret etmediğimi ya da babamın hasta olduğunu biliyorsun" gibi cümleler kurarsın. Sadece basit bir ziyaret için belki saatlerce açıklama yapmak zorunda kalırsın. İşten bir arkadaşın akşam buluşalım der sana, sen de üniversiteden arkadaşlarınla görüşeceğini, onlara sözün olduğunu söylersin. İş arkadaşın seni gerçek dost olmamakla ve kendisini ihmal etmekle suçlar. Sen kendinin gerçek bir dost olduğunu ispatlamaya çalışırsın. Bu kişiler annen ya da baban bile olabilir. Evlisindir, eşinle tatile gitmek istersin ama annen, iyi bir evlat olmadığını, onu yeterince sevmediğini, eğer sevseydin bir haftalığına asla kendisini bırakmayacağını söyleyebilir. Eğer ki böyle davranan insanları memnun etmek adına kendini onların istediği insana çevirirsen, kendin için bir şeyler yapmak istediğin bir sonraki seferde daha dirençli bir şekilde yine aynı tepkiyle karşılaşabilirsin. Bu durumda dikkat etmen gereken şey şu, karşı taraf sana böyle yaklaşmasaydı, yaptığın şeyden kendi kendine vicdan azabı çeker miydin? Eğer cevabın hayırsa, yapmak istediğin şeyi yapmaktan geri durmamalısın.

Benmerkezcilik

Zehirli insanlarda en sık karşılaştığım özelliklerden birisi benmerkezci olmak. Benmerkezci olmak, çevresindeki insanların zararına bile olsa insanın kendisini ve kendi isteklerini merkeze alarak davranmasıdır diyebilirim. Günümüz modern dünyasının dayattığı haliyle, insanlar çok daha ben odaklı hale geldiler ve bu durum gitgide daha da artarak devam edecek gibi görünüyor. Eğer çevrende benmerkezci bir insan varsa; onunla vakit geçirirken onun istediği yere gider, onun canının çektiğini yersiniz. Onun canı istemezse dışarı çıkmaz evde oturursunuz, sohbet ettiğinizde, sohbetin neredeyse tamamına yakını, onun dertleri, aşkları, hayalleri ve işi üzerine şekillenir. Sen birazcık kendinden bahsetmeye kalkıştığın zaman, çok kısa bir süre içerisinde konu tekrar onun sorunlarına gelir.

Bir ilişki içerisinde iki tarafın birbirine ayırdığı zaman ve verdiği ilgi hiçbir zaman eşit olmaz ancak aralarında uçurum olmaması gerekir. Örneğin sen ortaya beş koyduğunda karşı taraf emek olarak üç ya da dört koyuyor olabilir ama bu bile telafi edilebilir. Ancak sen dokuz koyarken karşı taraf bir koyuyorsa o ilişki adil bir ilişki değildir. Çevrendeki insan benmerkezci bir insansa, ilişkinin emeğinin çok büyük bir kısmını sen veriyorsun demektir. Bu durum uzun süre devam ettiği zaman, doğal olarak sen yorulursun ve o ilişki içerisinde kendini mutsuz hissetmeye başlarsın. Çünkü çok veriyorsun ancak karşılığında çok az, belki de hiçbir şey alamıyorsundur. Böyle durumlarda ilk yapman gereken şey karşı tarafı bu durumla yüzleştirmek olmalıdır. İlişkinin adil olmadığı konusunda kırıcı ve suçlayıcı olmadan karşı tarafa geribildirim vermek işe yarayabilir. Ancak bazı durumlarda böyle masumane bir geribildirim bile karşı tarafın büyük tepkiler göstermesine ya da seni suçlamasına neden olabilir. İş böyle bir noktaya gittiğinde durumu ve aranızdaki ilişkiyi bir daha değerlendirmeni öneririm.

Drama Mıknatısı

Bazı zehirli insanların hayatında, kendilerine göre her daim kötü giden ilişkiler, kötü iş şartları ve zor insanlar, bolca hüzün ve keder vardır. Onlarla ilk karşılaştığın zaman, anlattıklarını ilgiyle dinlersin, belki de bütün kalbinle üzülürsün, neler yaşamış diye. Şefkat göstermek istersin, dinlersin, yardımcı olmaya çalışırsın, öneriler verirsin. Hatta bu kadar basit görünen şeyleri nasıl oluyor da çözemiyor diye bazen şaşırırsın. Uzmanı olduğun ya da çok fazla deneyimli olduğun konuda öneriler verirsin karşı tarafa. Ama aradan zaman geçtikçe ve siz her buluştuğunuzda çok basit görünen problemlerin bile çözülmediğini ancak karşı tarafın ilk seferdeki gibi durmadan sana dert yandığını fark edersin. Ve her konuşmada durmadan dertlerden bahseden bir insanı dinlemek hem seni çaresiz hissettirir hem de ruhen yorar. Bir süre sonra sen, karşı tarafın amacının dertlerini çözmek olmadığını anlarsın. Amaç sadece anlatmak ve o anlık boşalım yapmaktır. Anlatan şahıs, kısmi bir rahatlama elde eder ve sonra yine aynı hayatı sürdürür. Bu konuyla ilgili bir vaka anlatmak istiyorum.

Aslı, ailesinden uzakta üniversitede okuyan bir öğrenciydi bana geldiğinde. Aslı ile konuştuğumda okulunda başarılı, sorumluluk sahibi, sosyal ilişkileri iyi birisi olduğunu öğrendim. Aslı'nın bana başvurma sebebi ailesiyle yaşadığı problemlerdi. Aslı kendini bildiğinden bu yana, anne ve babası çok sık tartışıyorlardı. Hatta kendi ifadesine göre anne ve babasının tartışmalarından dolayı hiç mutlu bir çocukluk geçirmemişti.

Baba, eviyle çok ilgilenmeyen, alkol problemi olan ve parayı yönetemeyen birisi, anne ise devamlı babanın arkasını toplayan ancak bu durumdan çok şikâyetçi olan bir kadındı. Annenin kendisi de çalışmasına rağmen, babanın borçları yüzünden hep maddi sıkıntı içinde olmuşlardı. Anne hep babadan şikâyetçi, baba ise yıllardır değişmemişti ve bundan dolayı çok sık kavga ediyorlardı. Anne her fırsatını bulduğunda, Aslı ile babasını konuşuyor, ondan şikâyet ediyordu, üstelik bu şikâyet hali Aslı için çok erken yaşta başlamıştı. Aslı ergenlik çağına geldiğinde anne babasının ilişkisine dair her şeyi biliyordu ve babasından nefret ediyordu. Hatta annesinin birkaç kez babasıyla olan cinsel hayatından bahsettiğini dahi hatırlıyordu. Aslı yetişkinliğe ilerledikçe annesine bu kadar sıkıntıda olduğu bir ilişkiyi devam ettirmeme önerisini sunmaya başlamıştı. Annesi birkaç kez girişimde bulunsa da en sonunda kendi kararıyla Aslı için vazgeçtiğini söylemişti. Bu da Aslı'ya kendisini daha kötü hissettirmişti. Beraber yaşarken annesinin şikâyetlerinden çok bunaldığını, bundan dolayı bazen okuldan eve gelmek istemediğini hatırlıyordu. Sırf bu sebeplerden dolayı bulunduğu şehirde de iyi bir üniversitede okuyabilecekken Ankara'da bir üniversite tercih etmişti. Ama annesi hâlâ her akşam arayıp telefonda yaklaşık bir saat boyunca babasından şikâyet etmeye devam etmişti. Aslı annesine boşanmasını söylemesine rağmen, annesi sadece anlatıyor, anlatıyor ve anlatıyordu, çözüme yönelik hiçbir adım atmıyordu. Aslı artık annesinin telefonlarını açmak istemediğini, bunun da kendisini kötü bir evlatmış gibi hissettirdiğini söylüyordu.

Eminim senin hayatında da, bu kadar yakınında olmasa da Aslı'nın annesi gibi insanlar olmuştur. Aslı'nın annesi üzerinden baktığımız zaman, kendi ilişkisinin dinamikleri konusunda ciddi sıkıntılar yaşıyordu ama eyleme geçme noktasında maddi imkânları olmasına rağmen psikolojik olarak engelleri vardı. Belki de ilişkiden şikâyetçi olsa bile ilişkinin söylemediği ama iyi gelen taraflarından dolayı kalmak ona daha avantajlı geliyordu. Ama şikâyet ederek ve söylenerek karşı tarafa ne kadar zarar verdiğinin farkında olmuyor böyle insanlar. Eğer karşındaki insanın drama mıknatısı olduğunu düşünüyorsan, kendini onun çöpünü boşaltma alanı olmaktan kurtarmalısın. Sen çözüm için yardım ettiğini zannedersin ama her sefer aynı sorunla karşılaşınca yorulmaya başlarsın. Aslı, annesine artık babasıyla ilgili konuları konuşmak istemediğini ifade etti. İlk başta annesi çok tepkili karşılasa da eskiye oranla şu anda daha az bu konuyu konuşuyorlar. Aslı'nın annesi babasının konusunu açtığı zaman konuyu toparlayıp, konuşmaya son veriyor.

Heves Kırmak

Heves en sevdiğim kelimelerden birisi. Bir şeyi var etme yolunda zihne düşen minik bir tohum gibi görüyorum hevesi. O minik tohumun ortaya koyduğu enerjiyle şekilleniyor hayatta kendimizi ortaya koymamız, hayallerimizi gerçekleştirmemiz. İnsanın hevesi olmadığı zaman, bir bardak kahve içme konusunda bile isteksiz olabiliyor. Heves bir nevi hayat enerjimiz, keyfimize, hayallerimize, yeniliklere doğru yol almamızı sağlayan güç. Ama bazen çevremizdeki zehirli insanlar o heves tohumunu daha büyümeden kırmaya yeltenebilirler. Eğer sen kendini korumayı öğrenmemişsen, heves kırıcıların söylediklerinden çok fazla etkilenirsen içinde büyüyen o minik tohumlar kendi potansiyelini görmeden solar.

Sen kendine bir kıyafet alırsın, o der ki daha ucuzu ve daha kalitelisi var, sen bir yere tatile gidecek olursun, oranın denizi soğuk ve taşlıdır der, maaşına zam alırsın heyecanla ona anlatırsın, sen de maaş mı alıyorsun, bence çok ucuza çalışıyorsun der. Sen ne yaparsan yap, yaptıklarının hep olumsuz tarafını söyleyerek senin modunu düşürür, içinde olan hevesin kaybolmasına neden olur. Sen onlara böyle bir tavır içinde olduğunu söylediğin zaman, ben gerçekçiyim sadece gerçekleri söylüyorum bile diyebilir. Karşı taraf kötü niyetli olmasa bile bazen sadece desteklenmek isteriz, alıp da geri veremediğimiz elbiseye kötü demek ya da kazıklanmışsın demek işlevsel olmadığı gibi sadece can sıkar. Çevremde başarılı olan ve hayallerinin peşinde olan insanlara baktığım zaman onların çevresinde hep onları destekleyen insanlar olduğunu görüyorum. Hata yapsan bile arkanda durabilecek, heveslerine olumlu yaklaşan insanlar varsa çevrende, hevesin her daim canlı kalıyor ve hayata daha bir zevkle tutunuyorsun.

Biraz önce söylediğim gibi heves kırıcıların hepsi kötü niyetli olmayabilir, bazı heves kırıcılar kendi yapıları gereği her şeye olumsuz bakabilirler. Niyeti ne olursa olsun ben hayallerimi, planlarımı böyle insanlarla çok paylaşmamayı tercih ediyorum genelde. Çünkü bir hayal yeşerirken, her şeye olumsuz bakan birisi risk almanı engelleyecek, işlerin iyiye gideceğine yönelik inancını sarsacaktır. Böyle zamanlarda gerçekçiliğiyle beraber olumlu bakmayı da becerebilen insanlardan geribildirim almayı tercih ediyorum.

Fesatlık

Bazı insanların içinde bir yerlere kök salmış nefretleri olabilir. Genelde bu nefretleri kendi geçmiş olumsuz yaşantıları ve kendilerinden memnuniyetsizlikleri ile ilgili olabilir. Böyle duygularla bazı insanlar sağlıklı bir şekilde baş edebilirken bazı insanlar da diğer insanların kendilerinden daha kötü durumda olmalarından hoşnut olarak kendi içsel sorunlarını geçici olarak rahatlatabilirler. Ve eğer çevresinde kendisine yakın olan insanların kendisinden daha iyi duruma geldiğini görürse bu durum böyle insanları rahatsız edebilir. Çünkü kendisinden başka her insanın başına gelen iyi bir şey, fesat insana kendisinin olumsuz yönlerini hatırlatır. Temelde zaten kendisinden memnun olmadığı için, böyle bir şeyle birlikte bu memnuniyetsizlik hâd safhaya ulaşır ve kişi bundan kurtulmak için başka insanları eleştirir ve yargılar. O müdür oldu ama sen bir de bana sor arka planda onun ne işler çevirdiğini, sen bu arabayı almışsın ama bu araba iyi bir araba değil, seni kazıklamışlar, paran var ama ne alacağını bile bilmiyorsun gibi ifadeler sıklıkla kullanılabilir.

Bu tipteki zehirli insanlar, en yakınındaki insanlar hakkında bile çok fazla dedikodu yapabilirler. Ve başkası hakkında seninle konuşurken, dedikodusunu yaptığı o kişiyle birlikteyken senin hakkında da dedikodu yapması çok muhtemeldir. Böyle insanlara göre birçok insan hatalıdır, eksiktir ve yetersizdir, sadece şansları yaver gitmiştir. Eğer kendisi onların yerinde olsa nasıl da mucizeler yaratır ama kendisinin şansı bir türlü yaver gitmez. Böyle insanları dikkatlice gözlemlediğin zaman bütün bu çabaların arkasındaki itici gücün kıskançlık olduğunu fark edebilirsin. Başka bir insanın iyiliği sağlıklı insanda çok büyük rahatsızlıklar ortaya çıkarmaz. Sağlıklı insan başka insanların başarılarını gördüğü zaman, ben de yeterince çaba gösterirsem onlar gibi başarılı olabilirim diye düşünür. Ama fesat insan, kendisinden başka bir başarılı insan gördüğü zaman kendisinin başarısız olduğunu düşünür, kendisinden nefret eder ve bu nefreti başkaları üzerine yansıtarak rahatlar.

Fesat insanlarda ilk basamak dedikodu yapmak ve yargılamaktır ancak bunun da ötesinde zarar vermekten çekinmeyen fesat insanlar da vardır. Eğer ki bir şekilde sen daha çok ön plana çıkmaya başlarsan, senin bu yükselişini durdurmak için zarar vermek isteyebilir bu fesat insanlar. En tehlikeli zehirli insan türü zarar vermekten çekinmeyen bu tiptekilerdir. Özellikle iş hayatında bu tipte çok fazla insanla karşılaşabilirsin. Böyle insanları değiştirmek ve daha iyi bir hale getirmek konusunda ne yazık ki yapabileceğimiz çok fazla bir şey yok. Böyle insanları tanıdıktan sonra onlara karşı temkinli olmalı, kendinle ilgili özel bilgi vermemeli ve başka insanlar hakkında böyle insanların yanında kesinlikle konuşmamalısın. Eğer ki iş hayatında tehlikeli fesat tipinde insanlarla beraber çalışıyorsan, iyi niyetini muhafaza ederek her zaman en kötü ihtimali de göz önünde bulundurmanı öneririm. Bunun için karşı tarafı izlemeli ve sana karşı yapabileceği olumsuz şeyler için hazırlıklı olmalısın.

Şimdi ben zehirli insanların bize zarar verme şekillerini anlatırken belki de sen kendi içinden "Ama ben de bu özelliklere sahibim" diyebilirsin ya da "Ya zehirli insan bensem ne yapabilirim?" diye sorabilirsin. Böyle bir düşünceye kapılman çok normal çünkü birçok insan burada saydığım özelliklerin bir kısmını belirli bir seviyede taşıyor. Eğer sen bu özellikleri zarar verici boyutta taşıyorsan ve bunun farkında değilsen yine sorun değil çünkü belki de yaptığının kötü bir şey olduğunun farkında değilsin. Bu durumdaysan okudukların sana farkındalık kazandıracak, davranışlarını değiştirmeye çabalayacaksın. Ama bunları farkında olarak yapıyorsan sadece bana kızacaksın ve aynı şekilde davranmaya devam edeceksin.

Yeni İnsanları Hayatına Hangi Kapıdan Alıyorsun?

Sosyal ilişkiler çok önemli. Ruhumuzu besleyen en önemli besin kaynağı bile diyebilirim sosyal ilişkiler için. Ama bunu yanlış anlamamak gerek, sosyal ilişkiler derken onlarca arkadaşının olmasına, her daim sosyal aktivite içinde olmana hiç mi hiç gerek yok. Sen öyleysen ve bundan keyif alıyorsan orası ayrı tabii, bunda da bir sorun yok, bu sadece temel bir gereklilik değil. Ruhunun beslenebilmesi için bir iki tane sağlam dostunun, sıcak aile ilişkilerinin olması bile yeterli. Ama bazen ister istemez bunlara bile sahip olamıyor insan. Dolayısıyla hayatımıza yeni insanların girmesi, bazen de var olanların değişmesi ihtimali her zaman mevcut. Bazen hayatına yeni insanları alırken çok fazla hayal kırıklığı yaşıyor olabilirsin. Her kapına gelene çok fazla ümit bağlayıp, sonrasında umduğunu bulamayınca ciddi üzüntüler yaşıyor olabilirsin.

Birçok kez daha yeni tanıştığı insanı hemencecik göklere çıkaran, onu hayatına alırken çok yüksek olumlu puanlar veren insanla karşılaştım. Ben öyle birisi olmadığım için küçük yaşlarımda bile insanların yeni tanıştığı bir insanı göklere çıkartması hep garip gelmiştir bana. Ama yıllar geçtikçe, insanları daha iyi tanıdıkça, yeni insanları hayatına havai fişeklerle dahil eden kişilerin naif insanlar olduğunu, uzun süredir sevgi açlığı yaşadığını, sevilmeme endişesi taşıdıklarını fark ettim. Bu endişe sebebiyle kimseyi kaybetmemeliyim gibi bir düşünceyle hayatına yeni insanları aldığın zaman, bazen hiç hak etmeyen insanlara hak etmediği bir değeri vermiş oluyorsun. Aradan biraz zaman geçince, emeklerinin karşılığını bulamayınca, çok fazla yatırım yaptığın için çok fazla üzülüyorsun. Bunu sana bir örnekle açıklamak istiyorum.

Diyelim ki senin hayatına birisinin girmesi için üç tane kapı var, bu kapılardan sadece birini aktif edebiliyorsun aynı anda. Bir kapıda hiç kilit yok ve bu kapıdan gelenleri kim olduğuna hiç bakmadan o kadar iyi niyetle ve hürmetle karşılıyorsun ki gelen kişi iyi niyetli mi, hırsız mı, kötü niyetli birisi mi bilmiyorsun. Eğer senin hayatında bu kapı her zaman aktifse, hayatına giren iyi insanlarla beraber çok sayıda seni üzen ve sana zarar veren insan da bu hürmet kapısından içeri sızar ve has dairene yerleşir.

Bir diğer kapıysa öncekinin tam tersi şekilde, bankaların kasaları kadar sağlam ve üstünde bir sürü kilit var. Hayatında bu kapı aktifse, kapına gelen insanların birçoğu bu kapıyı aşamadığı için içeri giremiyor. Böyle kapıları olan insanlar diğer insanlara karşı fazlasıyla güvensiz ve olumsuz yaklaşabiliyorlar. Belki geçmişteki olumsuz deneyimlerinden, belki de öyle öğrendiği için, zarar görmemek adına kapıyı tamamen kapatmış oluyorlar. Böyle olunca bu kişinin hayatına yeni birisinin girmesi neredeyse imkânsız hale geliyor ve kişi yalnızlık yaşamaya başlıyor.

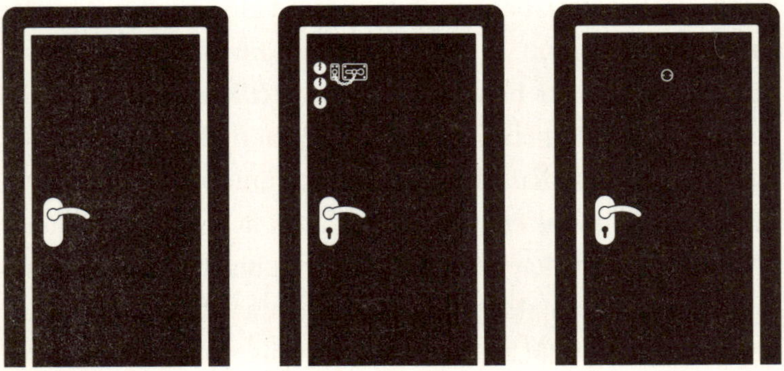

Sen Hangi Kapıyı Kullanıyorsun?

En son bahsetmek istediğim kapıysa, bir tane kilidi olan, üstünde gözetleme deliği olan bir kapı. Bu kapıya birisi geldiği zaman, sen delikten bakıyorsun, daha önceki deneyimlerini gözden geçirerek, gördüklerini değerlendirerek kapıdaki insana şans veriyorsun içeri girmesi için. Ama kişiye ne aşırı güveniyorsun ne de aşırı güvensizlik yaşıyorsun, sadece şans veriyorsun kendini de koruyarak. Daha önce bahsettiğim has daireyi hatırlıyorsun, oradaki halkaların en dışına buyur ediyorsun kapıdan gelen misafirini. Zaman geçtikçe, karşı tarafa güvendikçe bir halka daha yakınına alıyorsun. Belki kim bilir, kapıdan giren kişilerden biri has dairene girmeye hak kazanacak, sen de gerçek bir dost kazanmış olacaksın.

Hayatına yeni insanlar alırken aşırılardan kaçınman çok önemli güzel insan, aşırı güvenirsen üzülürsün, aşırı güvensiz olursan yalnız kalırsın. Her şeyde olduğu gibi bu konuda en önemli şey dengedir.

Yalnızlık Korkusu

Bir önceki kısımda sosyal ilişkilerin öneminden bahsettim. Ama her zaman çevremizde bizi anlayan, kafa dengi insanlar olmayabilir. Hepimizin böyle bir durum yaşadığı zaman dilimleri olmuştur. Ben karşılaştığım durumlarda, yalnızlıktan çok yalnızlığa yüklediğimiz anlamların bize zararı olduğunu gördüm. İnsan bazen yalnızlığı kendi kafasında öyle bir yere konumlandırıyor ki, sanki âciz, kimsenin istemediği ve sevmediği bir insan gibi düşünmeye başlıyor kendisini. Ve bu düşünceleri uzun süre tekrar edince, sanki gerçek olan buymuş gibi hissetmeye başlıyor.

Yalnızlık hepimiz için hayatın bir gerçeği ve hayatın bir döneminde karşımıza çıkabilir. Eğer sen bu durumu kendi yetersizliğine bağlarsan ve yalnızlığın uzun sürerse, durum senin ruh sağlığını bile olumsuz etkileyecek seviyeye gelebilir. İlk olarak yalnızlığı normalleştirmen gerekli. Hatırlarsan daha öncesinde yaşadığın problemleri içinde fazla tutunca ve kendine odaklandığın zaman bir tek senin başına gelmiş gibi hissediyorsun demiştim. Bu durum yalnızlık için de geçerli. Uzun zamandır yalnızlık yaşıyorsan, kendine çok fazla dönmüşsündür ve çevrendeki diğer insanlara çok fazla dikkat etmiyor olabilirsin. Sanki senden başka herkes çok samimi dostları ve ailesiyle birlikte inanılmaz güzel vakit geçiriyor gibi gelebilir. Halbuki gözlerini kendinden dışarı çevirsen, birçok insanın benzer yalnızlıklar yaşadığını fark edeceksin. Aynı zamanda çok sosyal görünen insanların bile hayatlarının belli bir döneminde yalnızlık yaşadığını görebilirsin. Yani için rahat olsun, anormal değilsin.

Yalnızlığı normalize etmen çok önemli. Çünkü yalnızlığını bir hastalık gibi yaşadığın zaman kendini o kadar kötü hissedersin ki, ne olursa olsun, kiminle olursa olsun yalnızlıktan kurtulman gerekiyormuş gibi bir hisse kapılırsın. Bunun neticesinde de aslında sana hiç iyi gelmeyecek insanları, ilaç niyetine hayatına alırsın. Bu kadar yoğun bir şekilde diğer insanlara muhtaç hissettiğin için, acele ediyorsun ve sanki seçim yapma şansın yokmuş gibi davranıyorsun. Halbuki yalnızlığı normalize edebilsen, daha sakin ve sağlıklı seçimler yapman mümkün olacak. Böyle zamanlarda ilaç diye hayatına aldığın insanlar zehrin olabilir.

Yalnız kalmaktan o kadar çok korkuyorsun ki, ihtiyacın olmayan insanlar biriktiriyorsun. İhtiyacın olmayan insanları da kaybetmemek için kendin olmaktan vazgeçiyorsun.

Yalnızlık yaşayan birçok insan tek başına bir şey yapmaktan çekinir. Sanki bir cafeye gidip tek başına oturursa, sinemaya ya da tiyatroya giderse, bütün herkes dönüp kendisine bakacak, içlerinden "A, ne kadar da zavallı bir insan, tek başına cafeye/sinemaya/tiyatroya gelmiş" diye geçirecekler diye endişelenir. Burada farkında olmadan diğer insanların zihnini okuyorsun, sen öyle hissettiğin için insanların da benzer şekilde düşündüğünü zannediyorsun. Çoğu zaman insanlar diğer insanların farkında bile değiller. Kendini düşün örnek olarak, en son ne zaman böyle bir ortamda birisini tek başına oturduğu için zavallı ve acınası buldun? Eğer birileri seni fark edip de senin hakkında bir şeyler düşünecek olsaydı belki de ne kadar da güçlü ve bağımsız olduğunu düşüneceklerdir. Bilemezsin.

Yalnızlığı anlamlandırırken zihninden geçen düşüncelere bir bakmalısın. Neden yalnız olduğunu düşününce kendini çok rahatsız ve mutsuz hissediyorsun? Bu sorunun cevabını bulabilmek için zihninde yalnızlığın anlamına bakman gerekecek. Düşünceler zihnimizden çok fazla ve hızlı geçerler, bundan dolayı hangi düşüncenin bizi etkilediğini anlayamayabiliriz. Yalnızlıkla ilgili sık karşılaştığım düşüncelere; hep yalnız kalacağım, yalnız kaldığım için hüzünlü ve mutsuz hissetmem gerek, ben zavallının biriyim çünkü yalnızım örneklerini verebilirim. İnsan bunları düşündükçe kötü hisseder ama bunlar o kadar hızlı bir şekilde zihninden geçer ki, sanki gerçekmiş gibi gelir. Senin zihninde yalnızlık neden rahatsız edici, bunu keşfetmek için sakin bir zamanda yalnızlığın senin için hangi anlamlara geldiğini yazıp, çıkan sonuçlara alternatif ve gerçekçi cevaplar verebilirsin.

Kendini mutlu etmek ya da ödüllendirmek için illa yanında başka birisinin olmasına ihtiyacın yok. Eğer yalnızlık yaşadığını düşünüyorsan ve sosyal bir ortama tek başına gitmekten çekiniyorsan senden özellikle bu durumun üzerine gitmeni isteyeceğim. Sen yalnız olduğunu düşündüğün için evden çıkmıyorsun, evden çıkmadıkça da kendini daha fazla yalnız hissediyorsun. Bu kısırdöngüyü kırmak için, al eline kitabı git bir çay bahçesinde otur ya da bir cafeye gidip söyle kahveni oku kitabını. Sinemalara bak, sevdiğin bir filme bilet al, bulunduğun şehirde tiyatro varsa tiyatroya git, en kötü ihtimal git, bir parkta otur, gelen geçen insanları izle. İlk başta tedirgin hissetmen sebebiyle çok keyif alamayabilirsin ama lütfen vazgeçme. Hem kendi başına bir şeyler yaparak yalnızlığın sana hissettirdiği muhtaçlık hissinden kurtulacaksın hem de kendini daha güçlü ve bağımsız hissedeceksin.

Çok fazla yalnızlık yaşayınca kendi içine ve kendi dertlerine daha fazla dalarsın. Bazen insanın kendi dertlerine çözüm bulmasının en iyi yolu başka insanlara, başka dertlere bakmak ve onlara yardımcı olmaktır. Bir yerde gönüllülük yaptığın zaman kuracağın ilişkiler ve hissedeceğin tatmin duygusu sana çok iyi gelebilir.

İstemezsen İhtiyacın Olduğunu Anlamazlar

Birisi senden bir şey istediği zaman hep yapmak zorunda mı hissedersin? Bazı durumlarda seni zora sokacağı halde insanları geri çeviremeyenlerden misin? Başkalarının derdini dinleyen hep sensin ama kendi derdini anlatmaya gelince yük olurum korkusu hissedenlerden misin? İşte tam olarak diğer insanlara verici olabilen bazı insanlar mevzubahis kendileri olduğu zaman kendilerini ifade etmekten, herhangi bir şeye çok ihtiyacı olduğu halde istemekten çekinirler. Ve sen istemedikçe insanlar senin hiçbir şeye ihtiyacın olmadığını ve hatta çok güçlü olduğunu düşünüp nasıl olduğunu bile sormayı unutabilirler. Halbuki sen de birilerinin sana destek olmasını, seni dinlemesini istiyorsundur, sadece bunu söylemekten çekindiğin için söylemiyor ve çevrendeki insanların bunu kendi kendilerine anlamalarını bekliyorsun. Bu arada bütün gücünle o çevrendeki insanlara yardım etmeye devam ediyorsun. Sana bir danışanımdan bahsetmek istiyorum.

Nilüfer dört yıllık evliydi. Uzun zamandır evliliğinde mutlu olmadığını hissediyordu ve bir gün dayanamayıp bu durumu eşine açtığında eşinin verdiği tepkiye çok şaşırmıştı. Eşine mutsuz olduğunu söylediğinde, eşi "Ben senin çok mutlu olduğunu zannediyordum hep" demişti Nilüfer'e. Ne olmuştu da Nilüfer bu kadar mutsuz olmasına rağmen en yakınındaki insan olan eşi onun mutsuz olduğunu anlamak bir yana çok mutlu olduğunu düşünmüştü? Nilüfer'le bu durumu analiz ettiğimizde, eşinin onu mutsuz eden davranışlarının hiçbirini ona ifade etmediğini anladım. Her zaman her şey çok güzel gidiyor gibi davranmıştı eşine. İşyerinde sorun yaşadığı, mobbinge maruz kaldığı bir dönemden geçerken eşinin kendisine destek olmasını ummuş ama sessiz bir şekilde beklemişti. Hatta bir gün "Bunalıyorum acaba ayrılsam mı işten?" dediğinde eşi, "Ama çok borcumuz var" demişti. Nilüfer dışarıdan çok mutlu görünse de içeride bütün bu olanların hesabını zihni sıkı bir şekilde tutuyordu. Sadece bunların ifade edilmesi için bardağın taşması gerekiyordu. Sosyal çevresine baktığımız zaman, Nilüfer'in çevresindeki birçok insana destek olduğunu, kimseyi geri çevirmediğini öğrendim. Ama kendisi aslında yardım alsa çok kolay bir şekilde halledebileceği bir sorunu, kimseden yardım isteyemediği için günler boyunca çok zorlanarak çözdüğünü söyledi bana. Neden kimseden yardım istemediğini sorduğumda, insanlara yük olmak istemediğini belirtti. Mesela birisine bir sıkıntısını anlatacak gibi olduğunda içinde hemen bir alarm çalıyordu ve bu alarm ona "Anlatma, karşı tarafı kendi dertlerinle bunaltma, kimse senin dertlerini dinlemek zorunda değil" diyordu. Çevresindeki birçok insan Nilüfer'i çok güçlü, her daim mutlu, canı hiçbir şeye sıkılmayan bir insan olarak tanımlıyordu. Çünkü Nilüfer hiç şikâyet etmiyordu, hiç kimseden yardım istemiyordu, kimseye derdini anlatmıyordu. Ben bunun doğal olduğunu söyledim Nilüfer'e. "Eğer sen istemeyi öğrenmezsen hiçbir zaman insanlar sana umduklarını vermeyecek" dedim. Keşke herkeste bir sensör olsaydı da umduklarımızı anlamalarına yardım etseydi. Keşke olsaydı ama yok.

Özellikle kadın erkek ilişkilerinde bir tarafın böyle olması diğer tarafın yaptığı davranışları değerlendirmesini zorlaştırır. Çünkü taraflardan birisi ne yaparsa yapsın diğer tarafta her şey yolunda gibi bir hava vardır, işin aslı öyle olmadığı halde üstelik. Böyle olunca diğer tarafı üzen ya da beklentileri karşılamayan/karşılayamayan taraf yaptığının sorunlu olduğunu hiç fark etmez bile. Nilüfer bu süreci kendi içinde anlamlandırdıktan sonra ilişkisine bir şans daha verdi ve bildiğim kadarıyla da uzun süredir mutlu. Nilüfer'in kendisinde değiştirdiği şey, istemekten çekinmemesi ve ummak yerine söylemek oldu. İlk başta isteme denemelerimizde çok gergin hissetse de, bu girişimlerinin sonucunda insanların yardımcı olma gayretlerini gördükçe, ihtiyacı oldukça istemeyi hiç bırakmadı.

İstemeyi zorlaştıran şeylerden birisi de reddedilme korkusudur. Reddedilmekten korkarsın çünkü eğer reddedilirsen bunun senin değersiz birisi olduğunun diğer insanlar tarafından da anlaşılmasına sebep olacağını düşünürsün. Yalnızlık konusunda anlattığım gibi, reddedilmeye atfettiğin anlamlar onun öyle olduğu anlamına gelmez, sadece sen öyle düşünüyorsundur. Belki de çocukken istediğin duygusal ihtiyaçlar karşılanmadı ya da çok fazla reddedildin. O çocukluk dünyasında kaldı. Yetişkinlik dünyasında makul isteklerin çoğu zaman karşılanır, olur da reddedilirsen de bununla rahat bir şekilde baş edebilirsin. Reddedilmek birçok insanın her gün karşılaştığı fakat çok da umursamadığı bir şey. Çok fazla anlam vermeye gerek yok bu duruma. Şunu unutmamalısın, sen istemezsen, çok ihtiyacın da olsa vermeyecekler, çünkü haberleri olmayacak senin ihtiyaçlarından.

Aşırı Fedakârlık ve Merhamet Yorgunluğu

Bir kişi düşün, hayatını arkadaşlarına, dostlarına veya ailesine adamış. Kim ne isterse, kim ne dilerse gerçekleştirmek için koşturuyor. En büyük gayesi, çevresindeki insanları memnun etmek. Onları memnun ettikçe, kendinin de memnun olduğunu düşünüyor. Çevresindeki insanlar da bu durumdan memnunlar. Neden olmasınlar ki, etraflarında devamlı onların iyiliğini düşünen birisi var. Ama bu kişi bir süre sonra, gitgide mutsuzlaştığının farkına varıyor. Bazı akşamlar yalnız kaldığında, bu güzel ilişkilerin tek taraflı olduğunu ve ilişkileri sürdürmek için ortaya konulan çabaların ve fedakârlıkların büyük bir kısmını kendisinin yaptığını fark ediyor. Bu durum her geçen gün kendisini daha fazla mutsuz ediyor. Ama diğerlerinin sevgisini kaybetmekten korktuğu için davranışlarını da değiştiremiyor.

Bu hikâye sana tanıdık geldi mi? Bu hikâyede belki kendini belki de yakından tanıdığın birisini gördün. Bu durum benim danışanlarımda sık karşılaştığım aşırı fedakârlık durumu. İlk bakışta, böyle bir yapı kültürel kodlarımızdan dolayı göze hoş gelse de, aşırı fedakâr kişiyi içten içe kurutan, depresyona sürükleyen bir yapıdır. Hiç kimse sınırsız enerjiye sahip değildir. Var olan enerjimizin, varlığımızın ve güzelliğimizin bir kısmını bile kendimize saklamayıp diğerlerine dağıtırsak bize bir şey kalmaz.

Peki bir kişi kendine zararı olmasına rağmen neden böyle davranır? Benim gözlemlerim, kişinin kendini sevilmeye layık görmeyişidir. Eğer diğer insanlara yeteri kadar iyi davranmazsa, kendisini sevmeyeceklerini düşünmesidir. Aslında o kadar çabanın altında yatan kocaman ama tek bir sebep var. Sevgi isteği. Ama bu paradoksal bir duruma yol açıyor, senden istenmeden fedakârlıklar yapıyorsun, birçok insan için kendini arka plana atıp koşturuyorsun ama sen bunları istenmeden yaptığın için almayı umduğun sevgiyi alamıyorsun, çabaların değersiz görülüyor. Bu durumu düşündüğüm zaman zihnimin çağrışım yaptığı bir hikâyeyi paylaşmak istiyorum seninle.

Çok eskiden okuduğum Cengiz Aytmatov'un bir kitabında geçen bir durum çok dikkatimi çekmişti. Bir sahil kasabasından ve bu kasabada yaşayan yaşlıca bir adamdan söz ediyordu hikâye. Bu yaşlı adam, çok yardımsever, herkesin işine koşan birisiydi. Ama bu kasabada kimse bu adama ve yaptıklarına değer vermiyor, kendisine saygı göstermiyordu. . Bu kadar iyi bir insanı neden kimse önemsemiyordu, ona saygı göstermiyordu? Sonra bir ayrıntı fark ettim, bu yaşlı adam kimse kendisinden yardım istemeden onlara yardım ediyordu. Belki de onun çabalarını değersiz kılan şey, istenmeden verişleriydi.

Aşırı fedakâr bir kişide de, durum bu hikâyeye benziyor. Bazen o kadar çaba ve emek ya karşılığını hiç almıyor ya da çok azıyla mükâfatlandırılıyor. Bir süre sonra, kişi mutsuzluğunun farkına varıyor. Farkındalık arttıkça mutsuzluk da artıyor.

Eğer böyle bir çıkmazın içindeysen ve bunu fark ediyorsan aslında çözüm için gerekli ilk şartı sağlamış oluyorsun.

En önemli şart bu durumun farkında olabilmek. Bakış açımızı birden değiştirmek tabii ki mümkün değil ama adım adım, aşırıya kaçan davranışları, gereksiz fedakârlıkları azaltmamız gerekiyor. Yazının başında da bahsettiğim gibi fedakârlık çok önemli. Olmaması büyük bir sıkıntı iken çok fazla olması da kişisel olarak sıkıntılara sebep oluyor. Sen yaptığın fedakârlığın hangisinin gerçek, hangisinin aşırı olduğunu düşünürken çok doğru tespitler yapamayabilirsin, çünkü hep böyle olduğun için hepsi sana çok gerekli görünür. Normal fedakârlığı ve aşırı olanı ayırt edebilmek için daha önce bahsettiğim tercih mi zorunluluk mu yöntemini kullanabilirsin. Eğer ki kendini fedakârlık yapmak zorunda hissediyorsan ve bunu yapmama ihtimali sende psikolojik baskı oluşturuyorsa, muhtemelen aşırı fedakârlık yapıyorsundur. Ama yapmama ihtimali seni çok zorlamıyorsa, kendini çok rahat hissediyorsan, yapmamış olsam ne olurdu sorusuna cevabın yoksa tercihen fedakârlık yapıyorsundur. Bu elemeyi yaparken insanları en çok yanıltan düşünce "Elime mi yapışacak sanki!" düşüncesidir. Eline yapışıp yapışmaması değil burada önemli olan, sadece ortaya koyduğun fedakârlığın senin tercihin olması. Bu minicik bir şey bile olsa, eğer ki aşırı fedakârlık ise bunu yapmamayı denemen gerekir.

Bu konuda sana son olarak bahsetmek istediğim bir kavram var, ismi: "Merhamet yorgunluğu."

Merhamet yorgunluğu, uzun süre boyunca travmatik olay yaşayanlara, acı çekenlere ve hasta olanlara yardım etmenin sonucunda ortaya çıkan bir problemdir.

Daha çok sağlık sektöründe çalışan kişilerde karşılaşılır. Bir şeye uzun süre bakım ve şefkat verince, ortaya çıkan bir tür tükenmişlik durumudur aslında bu durum. Merhamet yorgunluğu yaşayan bireyler eskisi gibi merhamet göstermekte zorlanmakla beraber bireysel anlamda da depresyon gibi psikolojik sorunlar yaşayabilirler.

Merhamet yorgunluğunu sadece mesleki anlamda tükenmişlikle değil bireysel ilişkilerimizde de gözlemliyorum ben.

Hepimizin bir merhamet kapasitesi var ve bu kapasiteyi aşarak çevremizdeki herkese merhamet gösterirsek, empatik davranırsak bir süre sonra bu durumdan yorulma ihtimalimiz çok fazla olur.

Normal seviyede merhamet ve empati insani olarak herkeste olması gereken erdemlerden ama sen kontrolü kaybedip çevrendeki herkes için bu erdemleri kullanırsan çok kısa bir süre içinde kendine ayıracak şefkatin bile kalmayabilir. Eğer merhamet yorgunluğu yaşıyorsan, kendini sürekli yorgun hissedebilirsin, eskiden keyif aldığın şeylere ilgini kaybedebilir ve insani ilişkilerden uzaklaşma isteği hissedebilirsin. Eğer belirli ölçüde merhamet ve şefkat vermeye devam etmek istiyorsan ilk olarak kendini koruman gerekir.

Anlatmanın Gücü

İnsan konuştuğuyla, kendini ifade edebildiği ile var oluyor biraz da. Kendimizi, yaşadıklarımızı ve düşüncelerimizi anlatabilmek çok önemli. Bu anlatımın sonucunda karşı taraftan aldığımız olumlu ve hatta olumsuz yansımalar var olduğumuzu hissettiriyor.

Anlatan ve paylaşan insan rahatlar, içindekini boşalttığı için hafifler ve artık içine yeni bir şeyler alabilir, bu da kendi içinde bir devinim yaratır. Bu enerji verici ve rahatlatıcı bir döngüdür. Ama bazı insanlar anlatmaz, anlatamaz. Anlatırsa ciddiye alınmayacağını, zayıf noktalarının öğrenileceğini düşünür belki de. Anlatmadıkça da her şey birikir, birikir... Ve sonrasında bir bakar ki, sırtında yükünün altında ezildiği, içinde anlatamadıklarının biriktiği kocaman bir çuval. Bu çuval kişinin hareket kabiliyetini sınırlar, kişiyi çabuk yorar. İşin ilginç tarafı, bunu yaşayan birçok insan bu yükün farkında bile değildir. Sorar durur ben neden böyleyim diye.

Bazen anlatmak istersin, bir cesaret gelir içine ama kendi kendine sorarsın, kime anlatmalıyım, nasıl anlatmalıyım? Tatmin edici bir cevap bulamadığın zaman yine en baştaki ürkek haline dönersin. Yine içinde tek başına kalmışsındır. Anlatmanın çoğu zaman en etkilisi kanlı canlı olanıdır. Ama bazı insanlar, çevresine güvenemediği için ya da konumu itibariyle bazı şeylerin bilinmesini istemediği için anlatmaktan çekinir.

Böyle durumlarda birine anlatmak kadar olmasa da sadece anlatıyor olmanın etkisi bile hiç küçümsenecek seviyede değildir.

Annem anlatırdı biz çocukken; eskiden birisi kötü bir rüya gördüğünde git akan suya anlat rüyanı, suyla beraber kötülükler de akar gider derlermiş. Bu eski öneride inanılmaz bir gerçeklik var, bazen herhangi bir insana gerek duymadan sadece anlatıyor olmanın bile inanılmaz rahatlatıcı bir etkisi vardır. İçinde sana dert olan, yük olan her ne varsa, ağzından dışarı çıkıyor olması, senin içindeki etkisini kaybetmesine neden olur anlattıklarının. Yazarak anlatmak, içini dökmek kâğıtlara iyileştiricidir. Birçok danışanıma önermişimdir yazmasını, sıkıntısını kâğıtlara anlatmasını. Yazabilenler, emek verebilenler her zaman karşılığını olumlu olarak almışlardır. Diyebilirsin ki ben yazınca ne olacak, biri beni dinlemedikten sonra, bana öneriler vermedikten sonra anlatmışım, yazmışım neye yarar? Sen anlat sadece, bak gerisi nasıl da kendi kendine gelecek...

Eleştirilerle Baş Etme Yöntemleri

Günlük hayat içerisinde, eğer ıssız bir adada yaşamıyorsan sen de diğer insanlar gibi eleştiriye maruz kalıyorsundur. Maruz kaldığın eleştirilerin bir kısmını gerçekçi ve yapıcı bulurken bir kısmının da sana haksızlık olduğunu düşünüyor olabilirsin. Bazı insanlar kendilerine eleştiri yapıldığı zaman, bundan çok fazla etkilenir, kendini suçlayabilir ya da öfkesini içinde yaşayabilir. Eleştirilerden çok etkilenen birisiysen her eleştiri aldığında hayatını zindan edebilirsin kendine. Ben bu durumu havaya, suya veya güneşe alerjisi olmak gibi düşüyorum, çünkü eleştiri de hava gibi, su gibi hayatında muhakkak temas ettiğin bir şey.

Sana bugüne kadar düşündüğünden daha farklı bir şey söylemek istiyorum, kimse sen buna izin vermediğin müddetçe seni üzemez ve öfkelendiremez. Eleştirilere yüklediğin anlamlar ve seni eleştiren insanlara karşı gösterdiğin tepkileri değiştirerek, hissettiğin olumsuz duygulardan kurtulman mümkün. Bir şekilde eleştirilerle baş etmeyi öğrenmek zorundasın, çünkü her zaman karşına çıkacak bu durum.

İlk olarak dikkat etmen gereken şey, seni eleştirenin kim olduğu. Çoğu zaman eleştiri hassasiyeti olan insanlar, sadece duyduklarına odaklanırlar, kimin söylediğine değil. Aslında çoğu zaman söyleyenin kim olduğu eleştirinin içeriğinden daha önemlidir. Diyelim ki, seninle beraber bir gezintiye çıktık ve seni hiç tanımayan insanların olduğu yerlere gittik. Burada seni tanımayan insanlardan birisinin sana aptal dediğini varsayalım, belki böyle bir hakarete maruz kaldığın için sinirlenirsin, çünkü sana bir saygısızlık yapılmıştır. Ama oturup uzun uzun düşünmezsin acaba aptal mıyım diye. Çünkü içinde bir yerlerde sana aptal diyen insanın seni aptal olup olmadığını bilecek kadar tanımadığını bilirsin. Böyle bir örnekte her şey açık olduğu için taşlar çok daha kolay oturuyor yerine. Ancak günlük hayatta da işler daha karmaşık görünse de temelde aynı mantık düzeninde işler.

Sana eleştirilerle gelen birisinin söylediklerini zihnine almadan önce söyleyenin kim olduğuna bakmanı öneririm. Çünkü kendi içinde huzursuzluk yaşayan pek çok insan, daha önceki bölümlerde de anlattığım gibi, kendi huzursuzluklarını diğer insanlara yansıtır. Eğer bu insanlara maruz kalanlardan birisi sensen, onların söylediğini kendinle ilgili zannedebilirsin, halbuki çoğu zaman söylenenlerin seninle ilgisi olmayabilir. Peki bunu nasıl ayırt edebilirsin?

Amacı olumlu anlamda değişim olan hiçbir insan söylemlerinin içerisinde, karşı tarafı aşağılayıcı, hor görücü ve hakaret ederek konuşmaz. Karşındaki insan sana karşı bu şekilde bir konuşma içerisindeyse, eleştirilerin içeriğine bakmanı öneririm. Aşağılama var mı, küçümseniyor musun ya da kişilik haklarına saygısızca hakaret mi ediliyor? Bu soruların cevabı evetse, karşında iyi niyetli ve yapıcı bir eleştirmen olmadığı kuvvetle muhtemeldir. Böyle bir durumda söylenilenlerin kendinle ilgili olmadığını sık sık hatırlamalısın.

Eleştiri sahibinin seni ne kadar tanıdığı da dikkat etmen gereken şeylerden biri. Çevrende bir sürü insan var ancak her insan senin başka bir yönünü biliyor. İş arkadaşların işinle ilgili tarafını, çocukların varsa ebeveynlik tarafını, eşin, sevgilin ya da ailen daha geniş taraflarını biliyordur. Hayatında olan birisi senin gerçekte bilmediği taraflarını eleştiriyorsa orada da bir sorun var demektir. Bilmediği bir konuda yorum yapan birisi çoğu zaman ya yanılıyordur ya da amacı üzüm yemekten ziyade bağcıyı dövmektir.

Sen seninle ilgili her söylenen şeyi kendinle ilgiliymiş gibi algılama eğilimindesin. Ancak bu her zaman seninle ilgili değil. İnsanlar yaptıkları şeyleri kendi içlerindeki süreçlerden geçirip yapmaktalar. Yani bir insan zaten çok öfkeliyse, kıskançlık özelliği baskınsa, benmerkezciyse dışarı aktardığı söylemleri ve diğer insanlara yaklaşımları da benzer şekilde olabilir. Çevrendeki insanları bu yönleriyle de tanıman ve onların söylediklerini kişiselleştirmemen çok önemli. Çünkü o kadar çok huzursuz ve kendini sevmeyen var ki şu dünyada, bu insanların büyük bir çoğunluğu kendilerine olan nefretlerinin hıncını diğer insanlardan çıkarıyor. Yani çevrende olup biten şeylerin büyük bir kısmı bunu yapanların kendisiyle ilgili. Ben, kendi çevremde olan bitenleri değerlendirirken, hep kendime şunu soruyorum: Bunu yapan kişi acaba neler yaşadı da böyle oldu, neler hissetti de böyle şeyler yapıyor? Bu soruyu sorduğum zaman, o zehirli sözlerin bana ulaşmasından önce onları filtreden geçirerek bana ciddi zarar vermelerini engelliyorum.

Birisi seni eleştirdiği zaman iki ihtimal vardır: Eleştiri ya doğrudur ya da yanlıştır. Yanlışsa zaten problem yok. Doğruysa da şunu düşünmelisin, kimse mükemmel değildir, kimse bu dünyaya tam olarak gelmemiştir. Herkes hata yapar, öğrenir ve kendini geliştirir. Aldığın doğru eleştirilerin de bu yolda sana katkısı olduğunu unutma. Ama sen aldığın doğru eleştirileri bir yıkım gibi algılarsan, her eleştiri bir kurşun gibi saplanır vücuduna ve bir süre sonra sen hayat yolunda korkak ve bıkkın hale gelirsin. Dediğim gibi kimse senden mükemmel olmanı beklemiyor, sen elinden geleni yap yeterli.

Her eleştiri elbette kötü niyetli değildir, yapıcı eleştiriler kişisel gelişimimize çok fazla katkıda bulunur. Aldığımız her eleştiri birazcık canımızı acıtabilir bunda hiçbir problem yok. Önemli olan eleştirilerin bize katkı sağlayıp sağlamadığıdır. Eleştirilerin içeriği ile ilgili dikkat etmen gereken bazı şeyler var. Bazı insanlar eleştiri yaparken çok genel ifadeler kullanabilir: Senden memnun değilim, bu işte kötüsün, iyi bir eş değilsin, hiç beğenmedim gibi. Böyle eleştiriler kötü niyetli olmasa bile kimseye hiçbir şekilde fayda sağlamaz. Çünkü bu tip eleştiriler nerede hata yaptığınla ilgili bilgi vermez ve çözüm önermez. Eğer ki böyle bir eleştiriye maruz kaldıysan, zihnin genel ifadelerin içini dolduracak ve sen çoğu zaman en kötü ihtimal üzerinden değerlendireceksin bu ifadeleri. İşyerinde aldığın "Bu işi beğenmedim" ifadesi sanki bugüne kadar yaptığın bütün işlerin beğenilmediğini, iyi bir eş değilsin ifadesi ise bugüne kadar yaptığın bütün emeklerin hiçbir anlamı olmadığını hissettirebilir sana. Ve bunları duyduktan sonra uykusuz geceler gelebilir, başını yastığa koyduğunda acaba ne demek istedi diye düşünmekten gece geç vakitlere kadar uykusuz kalabilirsin.

Genel eleştiriler aldığın zaman yapman gereken şey, eleştiriyi netleştirmektir. Birisi sana beğenmedim, kötü gibi genel ifadeler kullandığında susmak yerine, neresi kötü, nereyi beğenmediniz, ne yapmamı önerirsiniz, çözüm öneriniz nedir gibi sorularla karşı tarafın kafasındaki şeyi öğrenebilirsin. Böylece en kötü ihtimal üzerinden endişelenmek yerine, gerçekten hatalı olduğun kısmı görür ve düzeltirsin. Bu arada eğer ki sana genel eleştiriler yapan birisine netleştirme soruları sorduğun zaman doğru düzgün cevaplar alamıyorsan ya da kötüsün dedim anlamıyor musun, beceriksizsin işte gibi öfkeli savunma cevapları alıyorsan, burada seni eleştiren kişinin amacı üzüm yemek olmayabilir, buna da dikkat etmeni öneririm.

Haksız bir eleştiriye maruz kaldığın zaman öfkeleniyor olabilirsin. Karşı taraf sana haksız bir eleştiri yönelttiğinde sen de savunma moduna geçip, karşı tarafa tepkini öfkeli olarak gösterip bir tartışmanın içinde bulabilirsin kendini. Ben kendi adıma eskiden böyle bir olayı yaşadığım günün sonunda kendi kendime söylenir dururdum. "O kim oluyor da bana böyle konuşuyor" diye düşünmeye başlayıp sonrasında çocukluğuma kadar inip, çocukken de böyle şeyler oluyordu diye düşünürken bulurdum kendimi. Bir de bende bu tepkileri ortaya çıkaran kişi benim hayatım için çok da önemli olmayan birisiyse, en sonunda neden böyle birisini kafama taktım diye kızıyordum. Normalde hayatımın yüz binde birini bile etkilemeyen birisinin ortaya attığı bir şey için günümün mahvolmasına izin veriyordum. Düşününce buna sebep olanın karşı tarafın söyledikleri değil benim tutumum olduğuna karar verdim. Çünkü her zaman haksız da olsa beni eleştirecek insanlarla karşılaşacaktım, bu bugün birisi olmazsa yarın başka birisi olacaktı. Karşı tarafın söylediklerine itiraz edip, savunmaya geçtiğim zaman tuzağa düştüğümü fark ettim. O andan itibaren ben de öfke sarmalına giriyordum ve günümün kötü geçmesi bununla başlamış oluyordu. Bunu fark ettikten sonra, savunmaya geçmek yerine, karşı tarafın söylediklerini kabul etme fikrini denemek istedim. Birisi bana haklı ya da haksız bir eleştiri ile yaklaştığı zaman, "Teşekkür ederim geribildirimin için, peki ne yapmamı önerirsin?" dediğim zaman işin rengi tamamen değişti. İlk olarak savunmaya geçtiğim zaman karşı tarafla aramda oluşan öfke rüzgârları oluşmamaya başladı. Eğer karşı taraf gereksiz konuşan bir insansa, bu soru karşısında diyecek bir şey bulamıyordu ve kişinin söyledikleri etkisini tamamen kaybediyordu. Yani savunmaya geçmek yerine kabul etmek ve ne önerirsin demek çok ciddi bir fark yarattı benim için.

İstemediklerine Hayır Diyemezsen İstediklerine Evet Diyecek Zamanın Kalmaz

Bazen istemediğin şeyler konusunda isteklerle karşılaşınca bunlara hayır demekte zorlanıyor olabilirsin. Eğer hayır dersen karşı tarafın kırılacağını, sana karşı eskisi gibi davranmayacağını ya da eskisi kadar sevmeyeceğini bile düşünüyor olabilirsin. Bazı durumlarda da kendini kandırıyor olabilirsin, aslında hiç istemeyerek yaptığın şeyleri, "Ne var sanki elime mi yapışacak?" diyerek yapıyor olabilirsin. Ama gerçekten istemediğin şeyleri yapmaya başladıktan sonra, bunlar minicik şeyler bile olsa bir süre sonra hayatında önemli bir yer ve zaman işgali yaptığını anlayacaksın. Eğer sıklıkla bu problemi yaşıyorsan kendin için bir şeyler yapmak istediğin zamanlarda, kendine ayıracak zaman ve enerji bulma konusunda sıkıntılar bile yaşayabilirsin. Hep başkalarının istediği gibi davranmak zorunda kalınca, kendi kişiliğinden ve olduğun insandan uzaklaşabilirsin. Ya da her şeye evet dediğin için aslında senin sorumluluğun olmayan birçok şey senin görevinmiş gibi olmaya başlar ve insanlar sana böyle yaklaşabilir. Bunun sonucunda da kendini mutsuz hissetmen kaçınılmaz olacaktır.

Kendi kişiliğini ortaya koyabilmek ve istediklerine zaman ayırabilmek için diğer insanların senden istediklerine sınır koyman gerekir. Dünya için geçerli bir kural var, bir şey ne kadar kolay ulaşılabilirse o kadar değersiz oluyor. Elde edilmesi kolay olmayan ve emek gerektiren şeyler her zaman daha değerli olarak algılanıyor işin aslı öyle olmasa da. Ben bir insanın ortaya koyduğu desteğin ve yardımseverliğin emsali olmayan bir değer olduğuna inanıyorum. Senin bunu çok kolay bir şekilde ortaya koyuyor olman kesinlikle bunun değerini düşürmemeli diye umuyorum. Ancak gerçek hayatta maalesef ki durum bunun tam tersi oluyor. Sen insanları reddetmedikçe, kendi özel alanını korumadıkça istersen her şeyini ver, diğer insanlar bunu sen kolayca sunduğun için değersiz olarak algılayabiliyorlar. Halbuki sen ciddi zorluklar yaşayıp tavizler vermiş olabilirsin, karşı tarafa hayır demen gereken yerde evet diyerek.

Hayır demeyi öğrenmen için ilk dikkat etmen gereken, hayatındaki evetlerin hangisi gerçekten sen istediğin için hangisi hayır demekten çekindiğin için evet. Bu problemi yaşayan kişilerin birçoğu bu konuda sağlıklı bir değerlendirme yapamıyor. Söyledikleri evetlerin büyük bir kısmını kendileri istedikleri için dediklerini zannediyorlar. Bu ayrımı yapabilmen için gerçekten çekinmeden kendin olabildiğin bir alanı düşünmeni istiyorum. Bir insan dış dünyaya karşı ne kadar evet canlısı olsa da kendisini rahat hissettiği ve kendi gibi davrandığı bir alanı olabilir. Bu ailenin ya da çok sevdiğin insanların yanı olabilir, yani seni olduğun gibi kabul eden ve nazının geçtiği insanlar. Bu insanların yanında neye evet dediğin neye hayır dediğin senin için iyi bir referans olabilir. Örneğin, sen evde oturup keyif yaparken annen senden bir şey istediği zaman canın istemiyorsa hayır diyebiliyorsundur. Ama bir arkadaşın senden bunu istemiş olsaydı muhtemelen evet diyecektin. İşte böyle bir durumda arkadaşına dediğin evet istemediğin bir evet olacaktı.

Gerçek evetleri keşfetmek için kullanabileceğin bir diğer yöntem de şu:

Diyelim ki, elimizde sihirli bir değnek var ve bu değneği sana değdirdiğimiz anda hayır diyememe sorunun tamamen ortadan kalktı. Böyle bir durumda bu problemden tamamen kurtulduğunu düşünürsek, hangi durumlarda ve hangi insanlara karşı hayır derdin? Bu sorunun cevabı da hayatımıza hayır deme alışkanlığını getirirken işimize yarayacak. Bir de hayır diyemeyen insanların yanında genelde onların bu özelliklerini istismar eden, çok fazla isteyen insanlar olabilir. Eğer ki senin çevrende de böyle insanlar varsa, hayır deme planına bu insanları eklemelisin.

Ben her insanın hayatında prensipleri olması gerektiğini düşünüyorum. Yani koşullardan ve insanların sana yapacağı baskılardan bağımsız olarak kendi hayat kurallarını oluşturmalısın. Aslında birçok konuda buna benzer prensiplerin olabilir. Mesela dışarıdan ne kadar baskı gelirse gelsin hırsızlık yapmazsın ya da bir insana zarar vermezsin. Bunlar senin temel hayat kurallarındır. Ama bu kuralları küçük hayat olayları için de oluşturmalısın. Yaptığın işi biliyorsun, neye ne kadar zaman ayırman gerektiğini az çok anlamışsındır bugüne kadar. Neyin sana iyi geldiğini, neyin seni yorduğunu ve kötü hissettirdiğini yaşadığın deneyimler neticesinde öğrenmişsindir. Örneğin pazar günlerini evde geçirmek, hafta içi akşam saatlerinde kalabalık yerlere gitmemek, haftada iki akşam kendime zaman ayırmak, ertesi gün işe gideceksem geç vakte kadar süren etkinliklere katılmamak, bir iş üzerinde çalışırken başka bir işe geçmemek, kendi işimi öncelikle bitirmek gibi minik kurallar. Kendin için böyle kuralları belirleyip, not etmen önemli. Bu prensipler olmazsa, günlük hayat içerisinde insanlar senden bir şey istediği zaman, sadece o anlık duygusal reaksiyonlarla karar verirsin, yani istemediğin halde evet dersin. Birisi senden bir şey istediği zaman, duygusal reaksiyonlar ortaya çıkar, hayır demek dünyanın en zor şeyi gibi gelebilir. Ama prensiplerin belli olduğu zaman, bu prensipleri mantıklı zamanında kendin için en iyisi olduğunu düşünerek belirlediğini hatırlarsın ve kendini buna uymaya zorlarsın. Prensiplerini referans aldığın zaman hayır demek daha da kolaylaşacak.

Ayrıca birisine hayır derken prensiplerini referans alman, karşı tarafın bu durumu kişiselleştirmesine de mâni olacaktır.

Diyelim ki birisi senden arabanı ödünç istedi, senin bu duruma vereceğin "Kusura bakma ben kimseye arabamı ödünç vermiyorum" cevabı karşı tarafın tepkisini değiştirebilir. Ya da birisi "Senin kredi kartını kullanabilir miyim?" dediği zaman, "Ben kredi kartımı kardeşime bile vermiyorum seninle ilgili değil" şeklinde hayır demek karşı tarafın tepkisini yumuşatacaktır.

Hayır deme yolunda dikkat etmen gereken şeylerden biri de süreci yavaşlatmaktır. Sen bir günde bu hale gelmedin, yıllardır alışılagelmiş bir şekilde istemediğin şeylere evet diyorsun. Bu durum uzun bir süredir devam ettiği için bu davranışın sende refleks haline gelmiş olması muhtemel. Birisi senden bir şey istediği zaman, bu hiç istemediğin bir şey bile olsa acele karar verirsen, kendini evet derken bulabilirsin. Çünkü insanlar hızlı davrandıkları zaman, otomatikleştikleri şekilde davranırlar. Senin otomatik davranışın da evet demek. Bu otomatik davranıştan uzaklaşmak ve araya muhakeme sürecini sokmak için hemen cevap vermek yerine biraz zaman kazanmalısın. Sana sonra cevap vereyim, bunu yarın konuşsak nasıl olur, ben seni birazdan arayacağım gibi ifadeler kullanarak kendine düşünme zamanı yaratırsan kendin için en doğru kararı vermen daha kolay olacaktır.

Hayır deme yolunda zihinsel sürecini tamamladığını hissettiğin anda harekete geçme zamanı gelecek. Unutma hiçbir zaman tam anlamıyla harekete geçmek için hazır olduğunu hissetmeyeceksin, bu sebeple hemen başlaman gerekli. Hayatını bir günde tamamen değiştirmen mümkün değil, bunun için haftanın bir gününü kendine hayır deme günü olarak seçmen iyi bir başlangıç olabilir. İlk denemelerinde tedirgin hissedebilirsin, tepki almaktan korkabilirsin çok normal, daha önce benzer süreçlerden geçen herkes aynı tedirginliği yaşadı. Önemli olan senin bu duygulara aldanmayıp yoluna devam etmen. Bu konuda ilerledikçe kendini daha iyi hissedeceğinden emin olabilirsin.

Son olarak hayır deme yolunda sana söylemek istediğim bir şey daha var. Sen kendini değiştirdikçe, kendi sınırlarını çizdikçe, çevrende senin değiştiğini, eskisi gibi olmadığını söyleyen insanlar olacaktır. Bu kişiler sen her şeye evet derken bunun imkânlarından yararlanan insanlar olacaktır muhtemelen. Bu insanların bu girişimlerine kulak asmadan yoluna devam etmelisin. Bu insanlar zaten sana değer veriyorlarsa bir süre sonra bu söylemlerinden vazgeçerek senin kararlarına saygı duyacaklardır. Eğer ısrarlı bir şekilde olumsuz tutumlarına devam ediyorlarsa, bu kişileri has dairenden uzaklaştırarak dış halkalara göndermen mantıklı olacaktır.

Taç Utangaçlığı: Doğanın Bize Sınırlar Konusunda Verdiği Mesaj

Taç utangaçlığı 1920'li yıllarda gözlemlenmiş ve nedeni tam olarak belirlenmese de bazı ağaç türlerinin hem kendini korumak hem de yanı başında bulunan diğer ağaçlara zarar vermemek amacıyla; birbirine yaklaştıkları noktalarda aralarında *boşluklar, sınırlar* oluşturarak şekil almasıdır. Bunun nedenlerine kafa yoran bilim insanları özellikle şu 3 neden üzerinde durmuşlar:

1. Bunu zararlı böceklerin birbirlerine geçişlerini engellemek amacıyla yaptıkları

2. Uygun boşluklar bırakılarak güneş erişimini sağlamak ve birbirlerinin güneş kaynaklı gelişimine engel olmamak amacıyla yaptıkları

3. Dalların sağlığını korumak (boşluk olmaksızın büyüyen dallar çakışacak, kırılmalara ve yaprak dökülmelerine sebep olacaktır) için yaptıkları

Taç Utangaçlığı Gösteren Bir Fotoğraf

Hayatımızda bize ait olan ve korumamız gereken, ayrıca mevzu bizim dışımızdakiler olduğunda da korumasına özen göstermemiz, saygı duymamız gereken alanlar var. Diğer insanlarla -partnerimiz, ailemiz, çocuklarımız, arkadaş çevremiz veya herhangi bir zamanda ve mekânda karşılaştığımız kişilerle- aramızda ihlal edilmemesi gereken sınırlar var yani bir bakıma bizim insan türü olarak sahip olduğumuz *taç utangaçlığımız*. Bunlar bizim duygularımız, düşünce yapımız, inancımız, karakterimiz, tercihlerimiz, felsefemiz, hayat tarzımız, kıyafet seçimimiz, yeme içmemiz, takıldığımız mekânlar gibi şeyler olabilir. Biz tercihlerimizi yaşarken tıpkı ağaçların yaptığı gibi bir diğerinin alanına müdahale etmeden ve kendi alanımıza her önümüze geleni müdahale ettirmeden yaşamalıyız.

Bu durumda belki de aklına şöyle bir soru gelebilir: Bireyselleşmenin olanca hızıyla yaygınlaştığı bir zamanda, bu bizi birbirimizden daha kopuk bireyler haline getirmez mi? Aslında durum tam olarak böyle değil, kişisel alanımızı korumak ve tercihlerimiz konusunda sınırlar çizebilmek sağlıklı bireyler olmamız açısından çok önemli.

Kendi gelişimimizi, hayat tarzımızı yaşarken başkalarına müdahale ettirmemek, duygu ve düşüncelerimizi dış faktörlerin eline vermemek tıpkı ağaçlardaki zararlı böcek geçişlerini engelleme amacı gibi bizde de zararlı duygu ve düşüncelerin transferini minimize edecektir. Böyle olunca zihinsel anlamda çok daha sağlıklı gelişip, kendi kişiliğimizi ve potansiyelimizi daha sağlıklı bir şekilde ortaya koyabiliriz.

Aramızda belirli seviye ve sınırlar olduğu zaman birbirimizin gelişimini engellememiş oluyoruz. Gereksiz ve zarar verici veya insanı duygusal ve düşünsel olarak yavaşlatıcı müdahalelerden belirli oranda uzak durmuş oluruz. Bu da bizim, tıpkı ağaçların güneş enerjisinin o boşluklarla engellenmemesi gibi, faydalı sınırlar çizerek kişisel alanlarımızı korumamızı ve gelişimimizi pozitif yönde etkilememizi sağlar. İnsanlar birbirlerine geçtikçe kapasitelerini daraltırlar, potansiyellerini göz ardı edebilirler. Aile ya da kadın-erkek ilişkileri buna en güzel örneği oluşturabilir. Partnerini çok kısıtlayan birisi onun kendi gelişimi için atabileceği adımları kendisi için tehdit görebilir ve bu konuda onu engellemeye çalışabilir. Ya da oğluna bağımlılık derecesinde aşırı düşkün bir anne, oğlunun kendi ilişkisini kendisine rakip görebilir ve ilişkiyi sabote edebilir.

Eğer sınırlar olmazsa bu bizim hem psikolojimize zarar verecek hem de fizyolojik olarak bizi etkileyecektir. Sınırsız, seviyesiz insani ilişkiler mutlaka kırılmalara, dökülmelere sebep olacaktır ve böyle bir dünyada zedelenmemek için sen zedeleyeceksin, böylece bir rekabet ortamı oluşacak ve her iki açıdan da hep fazlaca çaba sarf ederek ya kazanacak ya kaybedeceksin. Ama sınırların olmadığı yerde kazananın neyi kazandığına da dikkat etmek gerekir. Çoğu zaman kişisel egoların tatmin edildiğini fark edebilirsin bu rekabet ortamında.

Her insan benzersizdir. Hissettikleri, düşündükleri ve deneyimleri onu benzersiz bir insana dönüştürür. Ancak insanların arasında sağlıklı sınırlar olmadığı zaman, bir kişi diğerinin adına da düşündüğünü, hissettiğini ve karar verdiğini iddia edebilir. Eğer adına karar verilen kişi kendi sınırlarını koruyamıyorsa, bir bakar ki diğeri onun yerini almış ve ona hiç uygun olmayan şeyleri yapıyor. Her insanın benzersiz olması dolayısıyla, kendi duruşunu da kendisine göre kişinin kendisinin ayarlaması gerekir. Elbette diğer insanların da bu süreçte katkısı olmalıdır ancak bu belirli sınırlar dahilindedir. Başkasının senin için hazırladığı kıyafet senin için uygun olmadığı gibi, mutsuz hissetmene de neden olacaktır.

Sınır koyamayan insanlarda dikkat ettiğim bir özellik var, birçok insana kendisi için özel olan şeyleri anlatabiliyorlar. Aile hayatı, kararları, düşünceleri, planları ve hayalleri konusunda herkese her şeyi anlattığın zaman, anlattığın insanların bir kısmı senin bunları anlatıyor olmanı, hayatın konusunda yorum yapmak ve kararlar vermek için izin vermişsin gibi yorumluyorlar. Ve bir süre sonra bir bakmışsın ki, bir sürü insan senin hayatın ve kararların hakkında yorum yapıyor, seni eleştiriyorlar. Bu nedenle kime, neyi ne kadar anlattığına dikkat etmelisin.

İyi İnsanlar Biriktirebilmek

Fark ettiysen, sıklıkla diğer insanlar konusunda temkinli olmanı öneriyorum sana. Çünkü bana gelen danışanlarımdan ve kendi deneyimlerimden sıklıkla fark ettiğim üzere, bizlere en büyük zararı insanlar veriyor. Maalesef Thomas Hobbes'in de dediği gibi bazı durumlarda "İnsan insanın kurdu oluyor", en büyük zararı hep diğer insanlardan görüyoruz. Ama bu yaşadığımız sosyal dünyaya aşırı şüpheci yaklaşmamıza neden olmamalı. Bir yandan en büyük zararı insanlardan görürken, en büyük mutlulukları hissetmemizde de diğer insanların payı çok büyük. Hobbes'in sözünü şu şekilde de söylemek mümkün: İnsan insanın yurdudur. Ben her ikisinin de geçerli olduğunu düşünüyorum. Sadece kimin kurdumuz, kimin yurdumuz olduğunu anlayabilmemiz gerekli.

Hayatın bir yol olduğunu düşünüyorum hep, ömrümüz de bir yolculuk. Bu yolculuk süresince, karşımıza sayısız insanlar çıkacak. Bunların bir kısmı bizim için kurt olurken, bir kısmı da yurt olacak. Yolun başında çok anlamayabilirsin kimin kurt kiminse yurt olduğunu. Ama yol sana hep ipucu verecek ve ilerledikçe bu konuda daha seçici olacaksın. Ama insanlar garip, bazen kendisine zarar veren insanları tercih ederken bazen iyi insanlara çok değer vermiyor ve sanki onlar her daim hayatında olacakmış gibi ihmalkâr davranabiliyor. Ama yol uzun, sağlam yol arkadaşlarının olması bu yolun senin için anlamlı ve keyifli geçmesi için çok önemli.

Bazı insanlar vardır ki, enerjisiyle, içinin güzelliğiyle girdiği ortamı, dokunduğu insanı dönüştürür. Hayat yolunda karşına böyle insanlar çıkınca onların değerini bilmen ve bu insanlarla ilişkilerine yatırım yapmanı öneririm. Modern dünyada dostluklarda bile fetihçi bir yaklaşım benimseyebiliyor insanlar;

hep yeni insanlar olsun, daha fazlası olsun gibi. Ama elde olanlar zaten elde edildiği için o kadar önem verilmeyebiliyor. Eğer böyle insanları cepte görürsen ve arka plana atarsan, onlarla olan ilişkilerin bakımsız hale bile gelecektir ve sen iyi olanın değerini bilmemiş olacaksın. Hayatında bir sürü gereksiz kalabalık olacağına, seni gerçekten anlayan ve sana iyi gelen birkaç kişi olsun yeter.

3. BÖLÜM

Kabullenme

Geçmişinin Yükleri Hâlâ Omzunda mı?

Hepimiz biraz yaralıyız, sanırım insan olmanın doğasında var yaralı olmak. Geçmişteki yaşadığımız şeyler ruhumuzda küçük ve büyük yaralar açtı. Bu yaraların izleri kalmış olsa da şu anki yaşantımızı çok fazla etkilememesi gerekir. Ama bazı insanların yaraları o kadar derindir ki, günümüzde bile üzerinden yıllar geçmiş olduğu halde hâlâ ilk günkü gibi acımaya devam eder. Bazen insan geçmişinde yaşadığı olumsuz olayların olduğu ana takılı kalır, yıllar geçse de o anın duygusal seviyesinden çıkamaz ve yıllar boyunca bir kısırdöngünün içine hapsolmuş gibi olur.

İlk olarak söylemem gereken şey geçmişte ne yaşadıysan yaşadın, belki sana büyük acılar çektirdi birileri, belki alman gereken sevgiyi vermediler, belki seni yok saydılar, belki de çok daha kötü şeyler yaptılar. Geçmişin yükleriyle başı belada olan birçok kişi, sanki o yaranın oluştuğu anı tekrar tekrar yaşıyor gibidir. Ve zihninde durmadan bir mücadele vardır, sanki geçmişi değiştirebilecekmişsin gibi, öfkenle ve yaraya neden olan kişi ya da kişilerle savaşır durursun. Geçmişinden kurtulmak istiyorsan geçmişin geçmişte kaldığını ve bu konuyu değiştiremeyeceğini kabullenmelisin. Bunu ilk kez söylediğim insanlar genelde çok şaşırırlar. Çünkü kabullenmek demek çoğu insan için yenilgiyi kabul etmek anlamına geliyor. Eğer geçmişinde uğradığı haksızlıkları kabul ederse, sanki kendisine haksızlık yapan o insanları onaylayacakmış ya da onlara iyilik yapacakmış gibi düşünür. Ama işin aslı bu yanlış bir düşüncedir. Geçmişinde olan bir şeyi değiştiremezsin, keşke böyle bir imkânımız olsaydı. Eğer böyle bir gücüm olsa o kadar çok insanın geçmişine dokunmak isterdim ki. Ama geçmişte olan şeylerin bizi bugün bu kadar yoğunlukta etkilemesini engelleyebiliriz.

Fark etmen gereken şeylerden birisi şu: Artık geçmişteki olayların oyuncusu değil izleyicisisin. Kabullenmelisin, geçmişte böyle şeyler oldu, keşke olmasaydı ama oldu. Kabullenmen ve onu içeri alman, ona elveda demek için ilk adım. Kabullenmediğin bir şey kapıda bekleyecek, sen devamlı onunla zihinsel savaşa devam edeceksin. Biliyorum ilk bakışta zor geliyor bunu kabullenmek, "O kadar savaş boşa mıydı?" diye düşüneceksin. Ama şunu sormalısın kendine, bugüne kadar içsel anlamda verdiğin savaşın senin için bir kazanımı oldu mu? Daha iyi hissettin mi? Ya da geçmişinde ruhunu yaralayan insanlar senin içsel savaşın sonucunda pişman mı oldular? Sanırım bu sorulara cevabın hayır. Peki o zaman ne kazandın ya da kaybettin bu savaştan? İçsel savaşın tek kaybedeni maalesef sen oluyorsun. Bu savaştan sana kalan, içsel huzursuzluk, içinde biriken öfke ve belki bazen kendinden bile nefret etmen oldu. Ama yeterince savaştın, artık geçmişinde böyle bir şeyler olduğunu kabul edip neden diye sormamalısın.

Neden sorusu, böyle durumlarda çok zarar verici olabilir. Özellikle cevabı olmayan neden soruları. Neden bu benim başıma geldi, neden böyle şeyler yaşadım, neden kendimi koruyamadım, neden ailem böyle, neden böyle bir insan hayatıma girdi? Bir sürü neden sorusu. Bu sorulara cevap bulamadıkça, yükü kendi omzuna alırsın ve kendini suçlayabilirsin. Bazen sadece olur ve bunun bir nedeni yoktur. Senin böyle şeyler yaşamış olman senin suçun değildi, dediğim gibi böyle olması gerekiyordu ve oldu.

Keşkeler kaplar bazen ruhunu, keşke şöyle yapsaydım, keşke gitmeseydim, keşke hiç karşılaşmasaydım gibi. Ama bu keşkeler de işlevsellikten uzak çöp düşüncelerdir. Bilsen yapmazdın zaten, hayatın ilginç tarafı da bu değil midir? Bazen ne kadar emin de olsan kendinden, her seferinde şaşırtmayı başarıyor. Geçmişte yaşadığın şeyler söz konusu olduğunda zihnini neden ve keşke tuzaklarından korumalısın. Çünkü o an bunları düşünürken anlamlı gibi gelse de, kısmi rahatlama sağlasa da, senin o konunun içinden çıkmanı engeller ve her daim geçmişte yaşadığın şeyin içinde debelenir durursun.

İçinde bir yerlerde geçmişindeki kişilerle hesaplaşma arzusu vardır. Ama bu hesaplaşma ve yüzleşme konusu çok hassas ve bazen tehlikeli olan bir konudur. Çoğu zaman sana bu acıyı yaşatan insanlarla yüzleştiğin zaman karşı taraftan alacağın tepki senin işine yaramayacaktır. Sen yüzleşmek için gittiğin zaman belki karşı taraf inkâr edecek, belki o zaman ben de iyi değildim diyecek ya da başka ne yapsaydım, ben senin iyiliğinden başka bir şey düşünmedim diyecektir. Belki de seni suçlayacaktır. Yüzleşme belki rahatlatabilir ama asla tamamen çözüm olmaz. Çünkü artık öfke senin içindedir. Karşındaki insan belki ölmüş olabilir ya da yüzleşme şansın olmayabilir. Ama zihnin o kişiyi ve olayı devamlı kendi kendine canlandırır ve sen durmadan acı çekersin. Artık acının kaynağı o kişi olmaktan çıkmıştır, artık acının kaynağı zihnindeki bu konunun hayaletidir. Gidip yüzleştiğin kişi ile zihninde geçmişte sana kötü şeyler yapan kişi arasında dağlar kadar fark bile olabilir. Hukuki hak arama konusu söz konusuysa elbette, elinden gelenleri yaparsın. Benim kastettiğim şey, zihnindeki hayaletle problemini çözmen.

Duygusal boşalımı sağlamak açısından, bildiğin güvendiğin insanlarla konuşmak, geçmişin yüklerini ifade etmek önemlidir. Çünkü geçmişin travmalarına en çok eşlik eden şey, derinlerdeki suçluluk hissidir. Geçmişte yaşanan birçok olumsuz deneyim, çoğu zaman yaşayanın içinde kalır ve içeriden bir yerden kişinin hayatını etkilemeye devam eder. Uzun zamandır tanıdığım danışanlarım bile belirli bir süre geçtikten sonra geçmişteki travmalarından bahseder. Ve birçoğu ilk defa bana anlatır bu olumsuz yaşantılarını. Düşünsene çok uzun bir süre, tek başına yaşamışsın o biraz önce bahsettiğim hayaletle birlikte. Kendini suçlamışsın, kendine karşı acımasızca davranmışsın. İnsan en çok kendine acımasız olabiliyor böyle durumlarda. Ama bu duyguları güvendiğin insanlarla paylaşman ya da güvendiğin bir terapistin objektif yaklaşımı sana iyi gelecektir. İçindeki acımasız sese bir bir alternatif oluşturması açısından bu olmazsa olmaz bir konudur. İçinde kaldığı zaman seni bütün gücüyle etkileyen şey, dışarı çıkınca eski gücünü kaybeder ve yavaş yavaş sönmeye başlar. Daha önce bahsettiğim gibi, dışarı aktardığın zaman, referans noktanı tekrar kazanırsın ve kendini haksız yere suçladığını anlarsın.

Sana, Japonların yaklaşık 600 yıldır, kırılan vazo, bardak veya tabak gibi eşyaları tamir etmek için kullandıkları özel bir teknikten bahsetmek istiyorum. Bu tekniğin ismi Kintsugi (Altınla birleştirme) ve Kintsukuroi (Altınla tamir etme). Bu tekniğe altınla onarım sanatı diyebiliriz. Japonlar kırılan bir bardağı ya da vazoyu, altınla birleştirip onarıyorlar. Ve kırılan bu eşya, yeni haliyle çok daha değerli ve özel bir hale geliyor. Halbuki o kırılan eşya atılabilirdi ya da bir köşede gözümüzden düşmüş şekilde unutulabilirdi. Ama kırık ve kusurlu olan bir eşya tamir edildiğinde eskisinden kat kat üstün olacak şekilde bambaşka bir hale dönüşüyor. Sence bu tekniğin bize verdiği mesajlar yok mu? Belki sen de kırılmış bir vazo gibi hissediyorsun kendini; kırık ve kusurlu. Ve bundan dolayı artık değersiz olduğunu, hiçbir öneminin olmadığını söylüyor zihnin sana. Ama aynen bu teknikteki gibi yaralarına farklı bir bakış açısıyla yaklaşsan, aynı değerlenen eşyalarda olduğu gibi senin yaraların da seni daha değerli hale getirir mi? Kırıklarından ve kusurlarından utanmak ve onları saklamak yerine onlarla birlikte bambaşka bir insan olduğunu, bu yaşantıların seni daha değerli hale getirdiğini fark edersen, geçmişte yaşadıklarına yüklediğin anlam yavaş yavaş değişecektir. Mükemmel değilsin ama değerlisin. Zaten ben de mükemmel değilim bir başkası da, herkes biraz kusurlu, herkes biraz yaralı.

Altınla Onarılmış Bir Tabak

Geçmişinin yüklerinden kurtulmaya çalışırken, bazı şeylerin seni tuttuğunu fark edeceksin. Benim en sık karşılaştığım engel, birinin kendini kurban rolüne sokması. Kendini kurban rolüne soktuğunda kendine bir konfor alanı yaratırsın. Kurban rolünde hissetmenin güçlü bir tarafı vardır, sana dolaylı yoldan haklı hissettirir. Sen haklısındır ve şikâyet etmeye hakkın vardır. Ama sen kurban rolünde kaldıkça, geçmişteki o insanın hâlâ sana kötü hissettirmesine izin verirsin. Kurban rolünde olduğun zaman, şu an yaşadığın problemlerin hepsini geçmişte yaşadıklarına bağlayabilirsin. İyi bir ailem yoktu, başıma bunlar geldi gibi sebepler bularak şu anın bütün sorumluluğunu o sebeplere bağlarsın. Ama bu durum maalesef ki gerçekçi değildir. Evet geçmişinin, bugününe önemli ölçüde etkisi vardır ama şu anının sorumluluğu senin elinde. Şu an kendinden kaynaklanan sorunları sadece geçmişe bağlarsan harekete geçemezsin, çünkü bu tutum elinden bir şey gelmiyor gibi hissetmene neden olur. Karar vermelisin, kurban rolünde olmak sana iyi hissettirmeyecek. Kendi mutluluğunun sorumluluğunu kendin almalısın. Bugün mutlu olmayışının sorumluluğu senin elinde. Bununla yüzleşmek ilk başta ağır gelecek sana, farkındayım. Ama yavaş yavaş bunu da kabullendiğin zaman, gücün kendinde olduğunu anlayacaksın.

Öfke böyle bir süreçte, kontrol etmekte en çok zorlandığımız duygudur. Geçmişe ve o insanlara yönelik öfke sana çok zarar verir. Peki bu durumda senin öfkenin kaynağı nedir, kökeninde neler var? Haksızlığa uğramış olmak mı? Yoksa öfkenin amacı adalet arayışı mı? Bana bunu nasıl yaptılar sorusu mu motivasyonunun kaynağı? Peki öfken ne kadar işlevsel, bir intikam hayatını daha iyi mi yapacak? Bu öfkeden kurtulmak için, evet geçmişte bu oldu, olan oldu ve artık yapacak bir şey yok diyebilmek gerek. O zaman sen kendini koruyamıyordun, o zaman kendini mutlu etme şansın da yoktu ama şimdi var. Haksızlığa uğradım, keşke uğramasaydım ama geçmişte uğradığım bir haksızlık sebebiyle neden bugünümü mahvedeyim?

"Beni sev ya da benden nefret et, ikisi de benim yararıma. Seversen hep kalbinde, nefret edersen hep aklında olurum." Louis Aragon

---

Öfkeni kontrol edip sana zarar vermesini engellemek için yapabileceğin bir diğer şey de affetmek. Affetmek bırakmak demektir, karşındaki insana iyilik yapmak da değildir. Affettiğin zaman zihninde onunla verdiğin savaşı/savaşını bitirirsin bitirirsin, onu zihninden çıkarırsın. Ama affetmediğin insanla zihnin savaşmaya devam eder. Her daim o kişinin sana verdiği zararları düşünürsün ve bunun bir karşılığı olarak zihninde ondan intikam almaya çalışırsın. Eğer affetmediğin bu insanla hâlâ karşılaşıyorsan, onu her gördüğünde zihninde şimşekler çakar ve için öfkeyle dolar. Karşı taraf bu durumun farkında bile olmayabilir. Ya da karşılaşmadığın geçmişte kalmış bir insansa bu kişi, o insanı hiç unutmamak ve öfkeni her daim zihninde canlı tutmak, sadece sana zarar verir. Sen kendi kendini yerken, o hayatını yaşamaya devam ediyor olabilir.

Affettiğin zaman elbette karşı tarafı tekrar hayatına almayacaksın, aynı şeyleri sana yapmasına izin vermeyeceksin. Affetmek için yaşadıklarını bir de şöyle değerlendir, herkes kendi üzerine düşen rolü oynuyor bu dünyada. Belki de karşı tarafın da travmaları vardı, belki o da böyle olmak istemezdi. Belki en derinlerinde o da iyi bir insandır. Yaşanılan şeyleri kişiselleştirmeden düşünebilirsen ve büyük resmin farkına varabilirsen affetmek konusunda aşama kaydedebilirsin. Affetmek aniden gerçekleşecek bir şey değil, belki de uzun bir süre alacak bu yolda ilerlemen. Önemli olan bugüne kadar düşündüğün şekilde değil de bahsettiğim alternatif yöntemlerle geçmişine yaklaşmak.

Kötü Biri Değilsin, Hatalar Yapmış İyi Bir İnsansın

Bir gün bir danışanım kendisini tarif ederken, "Kim ne yapsın benim gibi defolu bir insanı?" demişti, geçmişindeki hatalarını konuştuğumuz bir seansta. Onun kendisini böyle tarif etmesi beni çok etkilemişti. Sonraki seanslarda, kötü biri olmadığını ve birçok insan gibi sadece geçmişinde hatalar yapmış normal bir insan olduğunu konuştuk bolca. Bu durum sadece bana bunları söyleyen danışanıma özel bir durum değildi. Birçok kişi benzer şekilde kendisini kusurlu, defolu ve istenilmeyen birisi gibi görüyor. Geçmişinde yaptığı ve bugün pişman olduğu konularda, kendisine bir başkasının yapamayacağı kadar acımasız davranıyor birçok insan.

Bu acımasızlığın arkasında suçluluk duygusu yatıyor. Geçmişte yaptığın hatalardan ya da sen istemeden senin başına gelen şeylerden dolayı belki de kendini suçluyorsun. İlginç bir şekilde insanın tamamen kontrolü dışında gelişen, taciz ve tecavüz vakalarında bile kurban olanlar kendilerini suçlarlar. Halbuki kendisinin hiçbir hatası olmadığı bir durumda, insanın kendisini suçluyor olması yaşanılan travmanın çok daha ağır olmasına neden olur. Ve kendinin suçlu olduğunu her daim zihninden geçirince, bir süre sonra bu durum sana sorgulanamaz bir gerçekmiş gibi geliyor. Düşünsene bir ortamda iki kişisiniz ve diğer kişi durmadan sen şöylesin, hatalısın, aptalsın diyor, yıllar boyunca belki de, durmadan. İşte kendine yaptığın şey tam olarak bu.

Kendine en son ne zaman şefkat gösterdin, hatırlıyor musun? Birçok insan şefkati sadece çevresindeki insanlara gösterilecek bir duygu zannediyor. Ama en temelde kişinin kendi kendisine şefkat göstermesi gerekir. Sen bugüne kadar kendine acımasızca davrandın, kötü hissettikçe daha da acımasızlaştın. Peki senin başına gelenler başka birisinin başına gelseydi ve o kişi senden yardım isteseydi, ona da kendine davrandığın gibi mi davranırdın? Bu soruyu danışanlarıma sorduğum zaman, neredeyse tamamı tam tersi şekilde şefkatle yaklaşacağını ifade ediyor. Peki kendine şefkatle yaklaşmak neden bu kadar zor?

Kendine şefkat göstermek, kendine torpil geçmek değildir. Yaptığın hataları şımarıkça görmezden gelmek de değildir. Kendine şefkat göstermek, insan olduğunun, hatalar yapabileceğinin farkında olmak ve böyle durumlarda kendini onarmak için ortaya koyacağın çabadır. Özellikle bazı insanlar, kendilerini acımasızca eleştirmenin ve suçlamanın gerekli olduğunu düşünürler. Ancak zaten yaptığın hatalar konusunda kazandığın deneyim ve ilk yaşadığın pişmanlık yeterlidir. Ama sen bunu uzattıkça, yere düşen kendine sürekli tekme atıyorsun gibi oluyor.

En başta söylediğim gibi sen de insansın, hata yapmış olabilirsin bu çok doğal. Kötü birisi değilsin, sadece geçmişte hatalar yapmış iyi bir insansın.

Mükemmel Değil Yeterince İyi Olabilmek

Çok eski zamanlardan bu yana aklımda mesleğimle ilgili bir kitap yazmak düşüncesi vardı. Bugüne kadar binlerce insanla yolum kesişti, onların belirli bir süre için yol arkadaşı oldum, hayatlarını, düşüncelerini, dertlerini dinledim. Her karşılaştığım insandan bir şeyler öğrendim, yaptığım gözlemleri, edindiğim deneyimlerimi zihnimin heybesinde biriktirdim, bir yerlere notlar aldım. Şu anda bu satırları yazdığım zaman diliminde şunu söyleyebilirim sana, son üç yıldır bir kitap yazma düşüncesinin zihnimden geçmediği bir gün olmadı. Peki bu kadar çok düşündüğüm ve istediğim bir konuda neden harekete geçemedim? Uzun süre kendi kendime henüz zamanı gelmedi dedim. Ama zamanının gelmediğini anlamak için en azından bir şekilde başlamış olmam gerekirdi. Başlamak noktasına hep uzak hissettim ve bunu işin gerçeği olarak yorumladım. O kitaplarda ve filmlerde sık karşılaştığımız bir aydınlanma anı vardır ya, bir gün öyle anlamsızca otururken o farkındalık geldi. O ilk ışıktan sonra gerisi bir çorap söküğü gibi gelmeye başladı farkındalıkların.

Ne zaman başlamaya niyetlensem, planların arasında boğuluyordum, nasıl yaparım düşünceleri içimi yiyordu. Yazarken istediğim gibi olmazsa düşüncesi beni çok tedirgin ediyordu. Yazdıktan sonra ortaya çıkan şey ya beğenilmezse diye düşünmekten geriliyordum. Mükemmel ve hatasız bir kitap yazma isteğim nedeniyle yıllar geçiyor ama ben bir türlü yazmaya koyulamıyordum. Bunu fark ettiğim anda bilgisayarımın karşısına geçip, yazmayı düşündüğüm şeylerin taslağını çıkarmaya başladım. Ve sonrasında her şey aktı gitti. Çok sevdiğim yazar Aldous Huxley'in bir sözü var: "Başlamak için en uygun zamanı beklersen hiç başlamayabilirsin; şimdi başla, şu anda bulunduğun yerden, elindekilerle başla."

Bu yaşadıklarımı seninle paylaşmamın sebebi, benim yazma sürecinde yaşadığım şeyi, birçok insanın ortaya bir şeyler koyma sürecinde yaşıyor olması ve bundan dolayı aslında başlasa çok güzel yapacağı şeyi, başlayamadığı için hiç yapamıyor oluşu. Tez yazmak, bir işe başlamak, belli bir yaştan sonra üniversite okumak, sevdiği bir konu ile ilgilenmek gibi birçok konuda insanlar mükemmeliyetçilikleri yüzünden hiç harekete geçemiyorlar. Burada fark etmen gereken şey, zihninin sana sunduğu şeyin gerçek değil sadece bir yanılsama olduğu. Zihninin sana dayattığı mükemmeliyetçilik, geçmişinden getirdiğin ve zihninde dolanan bir virüs gibidir. O mükemmeliyetçilik virüsü seni yine zorlayacak ama senin mantığınla ve iradenle ona karşı koyman gerekiyor.

Benim yaşadığım sürece tekrar dönersek, yazmaya başladıktan sonraki süreç çok da kolay olmadı. İlk olarak her yazdığım sayfada geri dönüp daha önce yazdıklarıma baktığımda, normalde çabucak bitecek bir sayfanın günlerce beni uğraştırdığını fark ettim ve kendime planladığım şey bitene kadar geri dönme yasağı koydum. Sadece yazacaktım, ileriye doğru gidecektim ve hata yapıp yapmadığımı en sonunda kontrol edecektim. Bütün süreç bittikten sonra, işleri kontrol etmek daha kolay olacaktı. Sanki yanlış ve hatalı bir şey yaptığım hissi ara ara geldiği zaman kendi içimden mükemmeliyetçilik virüsü yine işbaşında diyordum.

Yazarken aklıma sıklıkla acaba beğenilecek mi ya da çok fazla eleştiri alır mıyım düşüncesi geldiğinde, bu düşüncelerin beni yavaşlattığını, hatta yorduğunu fark ettim. Ve kendi kendimi, "Sadece kendim için yazıyorum, yazmanın verdiği tatmin hissine odaklan" diyerek telkin ettim. Bu durum başka konularda bir çaba ortaya koyarken birçok insanın yaşadığına çok benzer bir süreç: Diğer insanlar ne der? Çoğu zaman bunu düşünmekten dolayı yaptığımız işten keyif alamıyor ve ileriye gidemiyoruz. Halbuki her ne yapıyorsan kendin için yaptığını düşündüğün zaman işler bambaşka bir hal alıyor. Böylece uğraştığın şey senin için keyifli bir hal alıyor.

Mükemmeliyetçilikle baş etme yolunda, bu durumun kökeninin nereden geldiğine bir bakmalısın. Benim karşılaştığım durumlarda, aileden öğrenme, yüksek beklentili ebeveynler mükemmeliyetçiliğin kaynağı konusunda önemli rol oynuyorlar. Böyle bir durumda aslında senin için uygun olmayan düşünme stilini çok erken yaşlarda ailenden öğrenmiş oluyorsun. Bunu ailenden öğrenince, bu durumun sanki başka bir alternatifi yokmuş gibi hissediyorsun.

Mükemmeliyetçiliğe direndiğin zaman sanki kötü bir şey yapıyormuş gibi bir hisse kapılabilirsin, bu hisse direnebilmek bu problemi yenme noktasında çok önemli. Ortaya koyduğun performansla ilgili kendini değerlendirdiğin zaman genelde ilk aklına gelen düşünceler büyük ihtimalle mükemmeliyetçilik virüsünün sesi olacak. Bu nedenle o aklına ilk gelen düşüncelere alternatifler geliştirmelisin. Örneğin sen elinden geleni yapmışsındır, ancak ortaya çıkan sonuç seni pek memnun etmemiştir ve sen kendini başarısız olarak görmeye başlarsın. Bu tespitler mükemmeliyetçilik virüsüne ait ve sen bunları gerçek kabul etmeden önce bunlara alternatif düşünceler geliştirmelisin, elimden geleni yaptım ya da bu koşullar altında daha iyisi mümkün değildi gibi. Alternatif düşüncelerin seni rahatlatması kolay olmayacak ilk başlarda. Ama sen vazgeçmediğin müddetçe, faydasını göreceksin.

Mükemmeliyetçilik sadece bir yanılsama, gerçek hayattaki reklam sloganlarından öte hiçbir gerçeklik payı yok maalesef. Mükemmel olmaya çalışma yolu, hep sonu hüsranla biten kişinin yaptığı ve başardığı şeylerin tadını çıkarmasını engelleyen bir yol. Ve şunu artık çok net bir şekilde fark edebiliyorum, mükemmeliyetçilik başarının düşmanı. Gerçekçi olan şey, mükemmel olmak değil yeterince iyi olmaktır. "Yeterince iyi" kavramı çok daha insani ve gerçekçi çünkü herkesin ortaya koyabileceği potansiyel farklıdır. Birbirinden farklı insanları kendinle rekabet unsuru içinde değerlendirmek yerine sen kendi çabana odaklanmalısın, yeterince çaba gösterdin mi, elinden geleni yaptın mı? Cevabın evetse, tamam o zaman, sen de yeterince iyisin.

Başarısızlık Hakkı

Ortaya koyduğun çabalar işe yaramadı ve sen elinden geleni yapmana rağmen istediğin sonucu elde edemedin, yani başarısız oldun. Bu senin kötü, yetersiz ya da aptal olduğun anlamına mı gelir? Burada okuyunca belki cevabın hayır olacak ama maalesef birçok insan başarısızlık yaşadığı zaman bu durumu kişiliğine bağlayıp böyle yorumlayabiliyor. Başarı bir kişilik özelliği değildir, gerekli çabayı ortaya koyduğunda ortaya çıkan bir sonuçtur. Başarısızlığını kişiliğine bağladığında ve hayatta var olmanın tek anahtarının başarılı olmak olduğuna inandığın zaman, hayatın doğal akışı içinde karşılaştığın hayal kırıklıkları senin için deprem etkisi yaratacak demektir. Anlık düşünmek yerine hayatının ortalamasını hesap etmelisin. O an için başarısız oluyor olman belki de sadece hayatının yüzde birini kapsayan bir şey. Büyük resmi değerlendirerek kendine haksızlık yapmamalısın.

Başarı, günümüzde putlaştırılmış durumda; başarılı ol da nasıl olursan ol. Erdemleri hiçe sayabilirsin, dostlarına ihanet edebilirsin ve rekabet için yapmayacağın hile olmayabilir. Günümüz başarı anlayışı bize satır arası mesajlar olarak bunları veriyor. Başarı döneminin çok ünlü putları var: Steve Jobs, Elon Musk, Jeff Bezos gibi isimler bunlardan bazıları. Başarının adının geçtiği herhangi bir yazıda ya da videoda bu isimlere rastlaman kuvvetle muhtemel. Bu isimlerin hepsinin ortak noktası milyar dolarlık şirketlere sahip oluşları. Onların hayatıyla ilgili bir sürü haber okuyoruz, okuduğumuz şeyleri başarı yolunun haritası gibi değerlendiriyoruz. Evet çaba gösterme konusunda alacağımız her ilham değerli ama hayat yolunda nihai olarak varmamız gereken tek hedef maddi kazançlar içerisinde başarıya ulaşmak mı olmalı? Böyle düşününce ister istemez başarısız olma ihtimali bu dünyada yok olmakmış gibi geliyor. Yukarıda bahsettiğim insanlar hakkında okuduğumuz birçok şey, bir sürü reklam ve halkla ilişkiler ajansının filtresinden geçerek bizlere ulaşıyor. Yani neyi duymamızı istiyorlarsa onu duyuyoruz. Böyle büyük ölçekli işlerin arka planında, gizli anlaşmalar, devlet destekleri ve haklarına girilen birçok insan olabilir. Bu madalyonun diğer tarafı ve kimse madalyonun bu tarafına bakmak istemiyor. Evet başarılı olmak önemli bir şey ancak hayatın nihai amacı olmamalı kesinlikle. Hayatta başarı haricinde, birçok alan var; yakın ilişkiler, topluma faydalı olmak, güzel ilişkiler kurmak, iyi insanlar yetiştirmek gibi. Başarı odaklı olmak, bunları geri bırakabiliyor bazen.

Bazen sen ne yaparsan yap olmaz. Belki de zamanı gelmemiştir. Sen bütün hazırlıkları da yapsan, zamanı gelmeyince çiçek açmaz, güneş doğmaz.

Ben hayatta bazı şeylere ulaşabilme noktasında hazır olmak gerektiğine çok inanıyorum. Bir amaç için uğraştığın zaman olmayabilir, belki böyle bir durumda hazır değilsindir, yeteneklerin olgunlaşmamıştır, belki de senin için uygun değildir. Kişisel değişim konusunda bile terapi sürecinde bazı insanlarla çok kısa sürede mesafe alabilirken bazı insanlarla uzun zamanda pek bir mesafe alamıyoruz. Burada dikkat edilmesi gereken şeylerden biri hazır bulunuşluk. Yaşadığın başarısızlığı böyle de yorumlayabilirsin. Sen ne yaparsan yap olmuyorsa belki de hâlâ zamanı gelmemiştir. Ben kendi hayatımda bu durumu çok kere deneyimledim. Bir iş ya da amaç için çok fazla uğraştığımı ama bir türlü olduramadığımı hatırlıyorum. Hatta nerede hata yapıyorum diye çok sorgulamıştım kendimi. Aradan uzun bir zaman geçtikten sonra, bu sefer önceki sefere göre çok daha az çaba sarf ederek istediğim şeye ulaşmıştım. Yaptıklarımı değerlendirdiğim zaman önceki seferden farklı olarak bir şey yapmamıştım ama o zaman o kadar uğraşmama rağmen olmamıştı. Şu an geldiğim noktada hazır olma durumunu şöyle tespit ediyorum: Elimden gelen çabayı ortaya koymama rağmen olmuyorsa, kendimi yıpratmıyorum, kendi içimden "Zamanı değil demek ki Beyhan" diyorum.

Haydi bütün diğer anlattıklarımı boş ver, bugüne kadar çabaladın, koşturdun, hep elinden geleni yaptın. Bugün geldiğin noktada bazı şeyleri yanlış yaptın, buna hiç mi hakkın yok? Hep en iyisini mi yapmak zorundasın? Bazen yorgunsundur, tam anlamıyla kendini verememişsindir, işler ters gitmiştir, sen de pek üstelememişsindir. Daha önce gösterdiğin o kadar çabanın hiç mi hatırı yok? Kendine birazcık torpil geçmende bence hiçbir sakınca yok. Böylece hayatın sonraki sınavları öncesinde birazcık dinlenmiş, biraz da kendini şımartmış olursun. Bence buna hakkın var.

Kendisine başarısızlık hakkını tanımayan insanlar, hayatın gerçeklerine aykırı yüksek beklentileri olan bir patronla çalışıyor gibidir. Patronu kızdırmaktan çok korkarsın ve ne yaparsan yap ufacık bir başarısız olma ihtimali ya patronu kızdırırsa diye başarının sınanacağı her ihtimalden kaçmaya başlarsın. Böyle olunca konfor alanından çıkmak istemezsin ve hayatta yeni noktalara gelmen, yeni keşifler yapman çok zorlaşır, çünkü içinde acımasız patronu kızdırmaktan korkarsın. Başarısızlığına şefkat göster ki başarıya cesaretin olsun.

Kabullenmek Boyun Eğmek Demek mi?

Bazı insanlar başlarına gelen kötü bir olay sonrasında, o olayın normal şartlar altında yaratacağı olumsuz etkiden çok daha fazla etkilenirler. Diyelim ki bir kaza geçirdin, bu kaza neticesinde vücudun belirli bir hasar aldı ve bacaklarından biri aksamaya başladı. Bu kazanın oluş sürecine baktığında bir sürü ihmalkârlık fark ediyorsun ve sende kalıcı hasar bırakan bu kaza sonrasında elinden gelen bütün mücadeleyi yapıyorsun. Ve aradan uzun zaman geçse de hâlâ savaşmaya devam ediyorsun, elinden gelen her türlü mücadeleyi vermiş ve yapılabilecek her şeyi yapmış olmana rağmen, hâlâ öfken geçmiyor; neden benim başıma geldi, nasıl böyle bir şey yaşarım diye. Bu olayın kendisine yönelik zihinsel bir savaş başlıyor ve sen bu savaşı sürdürdükçe olayın olduğu yerde hayatını dondurmuş oluyorsun. Böyle bir olay yaşadıktan sonra, aradan yıllar geçmesine rağmen hâlâ aynı zihinsel noktada ve öfkede takılı kalmış o kadar çok insanla karşılaştım ki...

Bu örnek olayı kurgularken daha fazla rahatsız edici olması için özellikle kazanın oluş sürecinde ihmalkârlık olduğunu söyledim. Böyle bir şey yaşamışsan eğer, kendi içinden bunu hak etmediğini ve nasıl bu zihinsel savaşı bırakabileceğini düşünüyorsundur. Ama şöyle düşün bir de, bu zihinsel savaş öfkeni taze tutmaktan başka ne kazandırdı bugüne kadar sana? Hayat yolunda takılıp olduğun yerde debelenmekten başka ne kattı sana? Belki de o kaza olmasaydı zaten ben yoluma devam edecektim diyorsun, ama geçmişi değiştirme şansımız yok maalesef, o kaza oldu. Keşke olmasaydı ama oldu. İşte tam olarak kabullenmek dediğimiz şey burada devreye giriyor.

Birçok insan için kabullenmek olumsuz bir anlam ifade ediyor, sanki savunma halini bırakmak ya da boyun eğmek gibi anlamlara çekiliyor. Daha da kötüsü sanki vazgeçmek gibi algılanıyor. Ama boyun eğmekle kabullenmek arasında hayati öneme sahip bir fark var: Boyun eğmek mücadele etmeden her şeye razı gelme haliyken, aktif kabullenme elinden geleni yaptıktan sonra artık yapacak bir şey yok deyip cesaretle kabullenmektir. İşte sen yeterince mücadele ettiğine inanıyorsan ve artık değişen bir şey olmayacağını anladıysan kabullenme zamanı gelmiştir. Kendinde kabullenemediğin bir olayı düşün ve bu konunun seni nasıl etkilediğini bir gözden geçir. Bu hayallerinle ya da başına gelen şeylerle ilgili olabilir. Muhtemelen zihnini çok meşgul ettiğini, seni yorduğunu ve öfkelendirdiğini fark edeceksin bu konunun. Ben böyle bir şey yaşadığım zaman, Beyhan artık olmayacak ya da değişmeyecek bırakmalısın diyorum kendi kendime. İlk başta yenilmiş gibi hissettirse de bu durumun şu anda ne kadar faydalı olduğunu çok iyi görebiliyorum. Çünkü kabullendiğim anda şimdi yeni ne yapabilirim hali ortaya çıkıyor. Daha önce gözünün önünde olan yeni kapıları görmeye başlıyorsun. Oysa daha öncesinde kabullenemediğin bu olay bütün dikkatini kendi üzerine çektiği için, hiç ilerleyememiştin.

Kabullenme fikrine yavaş yavaş ısındığını düşünüyorum. Bu aşamadan sonra aktif kabullenmeyi hayatının hangi alanlarında uygulayabilirsin ona bakacağız. Bu konuyla alakalı olarak benim danışanlarımda sıklıkla karşılaştığım üç alan var: Birincisi kendimiz; kapasitemiz, yapabileceklerimiz, yapamayacaklarımız. İkinci olarak çevremizdeki insanlar; değişmesini umduğumuz ama yıllardır bu konuda çırpınmamıza rağmen ilerleme kaydedemediğimiz insanlar. Sonuncu olarak başımıza gelen olaylar ve içinde bulunduğumuz durumlar. Bu üç alanda yaşadığımız savaşları iyice anlamalı ve yeterince savaştığımıza inanıyorsak aktif kabullenmeyi hayata geçirmeliyiz.

İlk adım olarak kendi kapasiteni, yapabileceklerini ve yapamayacaklarını fark etmelisin. Uzun zamandır ABD menşeli kişisel gelişim ekolleri, bize istediğimiz her şeyi yapabileceğimizi, içimizde sınırsız bir güç olduğunu, istemenin ve çabalamanın yeterli olacağını söylediler her mecrada. Bu telkinlere o kadar fazla maruz kaldık ki, kendimiz için imkânsız bir şeyi isteyip de yapamadığımız zaman kendimizi suçlayacak kadar ileri bile gittik bazen. Ama günümüzde artık daha iyi biliyoruz ki istediğimiz her şeyi yapmamız mümkün değil. Yeteneklerimiz ve kapasitemiz her iş için uygun olmayabilir. Ama ben şunu net olarak söyleyebilirim, istediğin her işte iyi olamayabilirsin ama en az bir işte çok iyi olabilirsin. Çok iyi olacağın alanı keşfedebilmek için uzun zamandır uğraştığın ama olmayan şeyi bırakman gerekir.

İnsanın huzurlu olmasını sağlayan en önemli şeylerden biri; her şeyi bilmediğini, her şeyi bilemeyeceğini ve bunun bir sorun olmadığını fark etmektir.

Küçüklüğümüzden itibaren, en başta ebeveynlerimiz olmak üzere çevremiz bizim aslında ne olacağımıza, nasıl bir potansiyelimiz olduğuna dair roller biçer. Bize biçilen rollerin gerçeklik payı olmakla birlikte bazen bu durum bize bunları dayatan kişilerin tamamlanmamış hayallerinin de yansıması olabilir. Uzun süre çevremizin bu telkinlerine maruz kalınca, kendi istediklerimizin, çevremizin bize söylediği şeyler olduğunu zannederiz. Senden çok iyi bir doktor olur, mükemmel bir avukat olacaksın gibi yönlendirmeler içimizde bir yerde mayalanır durur. Meslek hayatımda o kadar çok mesleklerinden dolayı mutsuz doktor, avukat, mühendis gördüm ki... Bir şekilde doktor olmuş, çok da başarılı ama ruhen yorgun hissediyor, bir türlü işini sevemiyor. Burada sağlıklı olan düşünce o işin kendisi için uygun olmadığını fark edebilmek gibi görünse de bazı insanlar bu düşüncelerini ve duygularını tembellik, başarısızlık olarak yorumlayabiliyorlar. İşte tam burada kendini ve kapasiteni, her şeyin senin için uygun olmayabileceğini ve sana uymayanların seni huzursuz edebileceğini kabullenmelisin. Eğer sen elinden geleni yapmana rağmen ortaya bu duygular çıkıyorsa, bunlar tembellik ya da başarısızlık değil yanlış yerde olmandan kaynaklı olabilir. Bu konuda bir örnek vermek istiyorum:

Gizem otuzlu yaşlarına yaklaşmış, ailesiyle beraber yaşayan, bir işte çalışmayan ve bana geldiği yıl içerisinde sekizinci kez üniversite sınavına hazırlanan birisiydi. Ders çalışmak konusunda sorun yaşadığını, kendini çok mutsuz ve karamsar hissettiğini ifade etti ilk görüşmemizde. Gizem'i tanıdıkça en büyük hayalinin tıp okumak olduğunu, bundan başka bir şey düşünmediğini öğrendim. Ama bu kadar istemesine rağmen bir türlü tıbbı kazanacak puanları alamadığını ve bunun için tekrar tekrar sınava girdiğini, hayatının son sekiz yılında sınavdan başka hiçbir şey olmadığını söyledi bana. Gizem'e baktığım zaman ilk dikkatimi çeken şey gözlerindeki huzursuzluktu, sanki bir yere yetişmeye çalışıyormuş ama bir türlü yetişemiyormuş gibi bir şey gördüm bakışlarında. Aldığı puanları sorduğum zaman, hiç de fena sayılmayacak ve farklı iyi bölümleri kazanmasına yetecek puanlar aldığını öğrendim Gizem'in. Ancak Gizem ne olursa olsun tıp istediği için başka hiçbir şeyi gözü görmüyordu. Onu tanıdıkça, tıp isteğinin aslında kendi isteğinden çok annesinin isteği olduğu ortaya çıktı. Ama bu istek Gizem'e uymuyordu ve onu hayattan alıkoyuyordu. Sevebileceği başka bir meslek seçebilecekken, hayat yolunda bambaşka seçenekler karşısına çıkabilecekken o durmadan savaşıyordu. Ama artık savaşmak bir anlam ifade etmediği gibi, kendisine de zarar veriyordu. Biraz zaman geçtikten sonra artık hazır olduğunu düşündüğümde Gizem'i bu konuda yüzleştirmeye karar verdim; bu durum benim için çok sancılı oldu açıkçası. Çünkü birçok insan hayatını harcadığı şeyler hakkındaki gerçekçi yorumlara öfke ile yaklaşabiliyor, bu güvenilir bir insandan geldiği zamanlarda bile. Ama neyse ki Gizem'le bu süreci çok güzel bir şekilde aştık ve Gizem içinde bulunduğu durumu fark etti. Sonraki adımda tıp okumanın kendisi için uygun olmayabileceği alternatifini kabullenip, başka bir bölümü kazandı bana geldiği yılda. Şu anda durumdan hiç şikâyetçi gibi görünmüyor.

Hayallerine âşık ol ama bunu saplantı haline getirme. Karşılık bulamadığın zaman yoluna devam etmelisin.

Her şeyi yapamazsın, her şeyi başaramazsın. Başarman da gerekmiyor zaten. Hayatın sana sunduğu seçenekleri değerlendirip yoluna devam etmen lazım, yoksa yıllar boyu olduğun yerde takılı kalabilirsin. Diyelim ki sen hayattan 100 lira istiyorsun ama hayat sana diyor ki şu an sadece 10 lira verebilirim sana. Ve sen hayata küsüyorsun. Ben bu durumu şöyle ifade etmeyi seviyorum, tavşan hayata küsmüş hayatın haberi olmamış. Hayatın sana şu an verdiği 10 lirayı alıp yoluna devam etmezsen, ileride alabileceğin binlerce lirayı alma şansın hiç olmayacak.

Aktif kabullenmeyi hayatımızda uygulamamız gereken bir diğer alan da, diğer insanlarla olan ilişkilerimiz ve onlardan beklentilerimiz olacak. Burada da durum bir önceki kadar emek istiyor. Özellikle ilişkilerde, beraber olduğumuz insanın bizi üzen, zarar veren ya da bize uygun olmayan davranışları ve kişilik özellikleri olabilir. Belki bu kişi en başından bu yana böyleydi ve o zaman bizi rahatsız etmeyen bu özellikler şimdi rahatsız edici olmaya başladı. Belki de bu rahatsız edici özellikler sonradan ortaya çıkmaya başladı. Sonuç olarak karşı taraftan memnun değilsin ve onun değişmesini istiyorsun.

değiştirmeye çalışıyorsun. Her insan makul ölçüde değişebiliyor zaman içerisinde. Özellikle ikili ilişkilerde uyum sağlanabilen noktalar oluyor uzun zamanlı birlikteliklerde. Ama değişebilen şeylerin yanı sıra hiç değişmeyen kişilik özellikleri ve davranışlar da olabiliyor. Eğer senin değişim isteğin bu değişmeyenlere denk geldiyse bir duvara toslamış gibi oluyorsun. Aynen bir önceki konuda olduğu gibi iki kere üzülüyorsun.

İçinde bulunduğun ilişkilerde karşı tarafı değiştirmeye çalışıyorsan, bugüne kadar neler yaptığını değerlendirmeni öneririm sana. Çabaların ne işe yarıyor bir bak bakalım. Benim karşılaştığım birçok örnekte çevresindeki insanı değiştirmeye çalışan insanlar, bu değiştirme çabasının sonuçsuz kalmasından dolayı ciddi bir ruhsal yorgunluk içerisinde oluyorlar. Düşünsene, eşin, sevgilin ya da arkadaşın; hepsinde değiştirmeye çalıştığın ve seni rahatsız eden davranışlar var. Bu davranışlardan dolayı zaten problem yaşıyorsun. Bir de değiştirme noktasındaki girişimlerin sonuçsuz kalınca için öfkeyle dolmaya başlıyor. Karşı tarafa öfkeleniyorsun neden değişmiyor neden beni umursamıyor diye, kendine kızıyorsun, neden hâlâ böyle bir insanın yanındayım diye. Böyle diye diye bir bakmışsın ki uzun yıllar bu öfke ve umutsuzluk sarmalının içinde geçmiş. Biraz önce de söylediğim gibi, elbette karşındakinin değişen özellikleri olacaktır. Ama uzun yıllardır uğraştığın ve değiştiremediğin şeyler varsa burada kabullenme kısmı devreye girmeli.

Belki de şu anda bu satırları okurken, ama karşı tarafın çok kötü özellikleri var, bana zarar veriyor, nasıl kabulleneyim diyorsun. Evet tahmin edebiliyorum. Ama kendimizi kabul ederken yaptığımız gibi, eğer ki değiştiremeyeceğimiz şeyler varsa karşı tarafta, kabullenme yolunda karşımıza iki seçenek çıkıyor: Ya onu kabullenip sevebiliyorsak bu haliyle seveceğiz ya da fiziksel/zihinsel olarak ondan uzaklaşacağız. Bu durumu söylemesi kolay farkındayım. Ama insana dair şeylerin kolay olacağını kim söyledi ki? Bu durum da diğer her şey gibi ciddi bir emek istiyor.

"Ben kendi işime bakarım sen de kendi işine bak. Ben bu dünyaya senin beklentilerini karşılamak için gelmedim. Sen de benim beklentilerimi karşılamak için gelmedin. Sen sensin ve ben benim. Eğer tesadüf eseri birbirimizi bulursak bu çok güzel olur. Ama bulamazsak yapacak hiçbir şey yok." Fritz Perls

Eşinin çok sessiz ve ketum olduğunu düşünüyorsun diyelim. Sen coşku dolu bir şekilde akşam eve geldikten sonra, olan biten her şeyi ayrıntılarıyla anlatırken karşı taraftan aldığın cevaplar çok kısa ve sanki üstünkörü oluyor. Böyle olunca içindeki coşku kayboluyor ve bu coşkunun yerini bir öfke alıyor. Neden böyle, neden benimle uzun uzun konuşmuyor diyorsun ve karşı tarafla bu konu için sık sık kavga ediyorsun. Sen arkadaş ziyaretleri yapalım, sosyal etkinliklere katılalım istiyorsun ama eşin evde oturmayı daha çok seviyor. Senin zorunla birkaç yere geldiği zaman da hiç keyif almadığı her halinden ve mimiklerinden belli oluyor. Sen bu duruma sinir oluyorsun ve bu durum sebebiyle sık sık tartışma yaşıyorsunuz. Böyle bir durumda uyumsuz olmanın çıkardığı sorundan daha ziyade bu konu için yapılan tartışmalar insanları daha çok yoruyor. Bu durumda kabullenmeyi hayatımıza dahil edersek durum şu şekilde olurdu:

Uzun zamandır eşinin bu özelliklerini değiştirmeye çalışıp değiştiremediğini fark ederek hem kendini hem de onu yormayı bırakıp, eşinle yapabileceğin diğer paylaşımlara yönelirdin. Onunla birlikte olmana sebep olan, onu sevme nedenlerini hatırlayıp ruhsal tatmini orada arardın. Sosyal etkinliklere, eşini zorlayarak dahil etmek yerine, kendi başına katılabileceğin bir sosyal çevre oluştururdun. İlk seçenek karşı tarafı kabullenip, kendi hayatını onun değişmeyeceğini kabullenerek biçimlendirmen.

İkinci seçenekte, değiştirmeye çalıştığın davranışların değişmemesi senin için kabul edilemez bir şey diyelim ki, böyle bir durumda, yine karşı tarafın değişemeyeceğini anlayıp yoluna belki de onsuz devam etmen gerekecek. Böyle olunca hem kendini hem de karşı tarafı yormamış olacaksın. Bazı durumlarda da fiziksel anlamda yolları ayırmak çok kolay olmayabilir. Böyle durumlarda da zihinsel olarak dikkatini karşı taraftan ayırmak, kendin için farklı bir dünya oluşturmak işe yarayabilir. Her iki durumda da içinde bulunduğun durumdan kurtulmak için önünde yeni kapılar açılacaktır.

Gelelim aktif kabullenmeyi hayatımıza uygulayabileceğimiz son alana, yani başımıza gelen olaylara ve içinde bulunduğumuz durumlara. Psikolog Rollo May, "Sıkıntı, insan olmanın meslek hastalığıdır" der. Yani bir insan olarak sıkıntı çekmemenin olduğu bir senaryo mevcut değil maalesef. Ortalama bir insan hayatında, herkesin başına kendince çok önemli sıkıntılar gelecektir. Bu durum hoşuna gitse de gitmese de durum böyle maalesef. Her halükârda hayatının bir döneminde yağmurun altında ıslanacaksın yani. Sıkıntılı zamanların ilk anlarında kişi, doğal olarak şok evresine girecek ve neden, nasıl sorularını sıklıkla soracaktır. Çünkü sorunu çözebilmesi için ilk başta anlaması gereklidir. Duygusal tepkiler de vermemiz kuvvetle muhtemel. Çünkü başımıza gelen şeyler hayatın doğal akışını bozabilir ve bizi konfor alanımızdan çıkarabilir. Böyle bir durumda sıklıkla öfke, yetersizlik, hüzün, şaşkınlık gibi duygular ortaya çıkar, gayet doğal olarak. İlk başta böyle tepkiler vermen gayet doğalken, ilerleyen zamanla birlikte hâlâ bu noktada takılı kalırsan zihnin yaşadığın soruna ve yeni hayatına alışma sürecine bir türlü alışamaz ve kendi kendine söylenir durursun ben bu hallere düşecek insan mıydım diye...

Ahmet Bey, ellili yaşlarını bitirmek üzereydi bana geldiği zaman. Kendi işini yapıyordu, iki çocuğu vardı, çocuklarından büyük olanı yurtdışında yaşıyordu, diğeri de başka bir şehirde üniversite öğrencisiydi. Ahmet Bey, çok sevdiği eşini, on üç yıl önce, iki yıllık zorlu geçen hastalık süreci sonunda, meme kanserinden kaybetmişti. Kendisinin ifadesine göre, bu kayıptan sonra hayatında hiçbir şey eskisi gibi olmamıştı. İşine gücüne devam ediyordu ama gerekli olmadıkça pek konuşmuyordu, evden çıkmayı pek sevmiyordu. Çocuklarının da ısrarıyla, yaşadığı ilgi kaybı, karamsarlık ve mutsuzluk sebebiyle bana gelmişti. Ahmet Bey tam bir entelektüeldi, onunla olan seanslar onun engin bilgi ve deneyimleri sayesinde benim için çok keyifli ve öğretici geçiyordu. Onu tanıdıkça, hayatındaki sorunların kaynağında eşinin yasının olduğunu fark ettim. Ahmet Bey yasını bitirememiş, yası onun psikolojik rahatsızlığı haline dönmüştü. Hayatıyla ilgili detayları, günlük rutinlerini sorduğum zaman bir şey dikkatimi çekti, vefat eden eşinin her eşyası bir odada on üç yıl önceki haliyle duruyordu. Ahmet Bey bu odaya kimseyi sokmuyordu, temizliğini ve düzenini kendi sağlıyordu. Eşinin bütün eşyalarını olduğu şekliyle muhafaza ediyordu. Evde kurulmuş düzen, eşi vefat etmeden önceki gibiydi, on üç yıldır hiçbir şekilde değişmemişti. Hiçbir yeni eşya alınmadığı gibi, ne kadar eski ve kullanılamaz durumda olursa olsun evden bir minik eşya dahi atılmamıştı.

Ahmet Bey'le aramızdaki terapotik ilişki daha çok geliştikçe, daha da çok anlatmaya başladı. Ve anlattıkça gün yüzüne çıktı; onun yaşadığı kaybı hiç kabullenemediği, neden sorusunu onlarca kez sormadığı bir gece dahi yaşamadığı, çok sevdiği eşine ölümün yakışmadığını düşünmediği bir gün bile geçirmediği... Ahmet Bey'in hayatı eşini kaybettiği gün durmuştu, durumu kabullenemediği için o anda takılı kalmıştı. Normalde insanların çok sevdikleri yakınlarını kaybettikleri zaman bile hissettikleri acının zamanla daha katlanılacak hale gelmesini ve kişinin hayata adapte olmasını bekleriz. Ama bazen kaybı yaşayan kişi yaşadığını kabullenme konusunda o kadar fazla direnç gösterir ki, yıllar geçse de acı geçmez, kişi hayata tekrar adapte olamaz. Yaşadığı durumu kabullenemeyen ve kaybettiği kişiyle vedalaşamayan insanlar için bu durum ciddi bir sorun oluşturur.

Başımıza gelen can yakıcı bir olay neticesinde, durumu kabullenmeyişimiz, hayatımızın büyük bir kısmına zarar verebilir. Halbuki insanın fıtratı alışmak üzeredir. İyi ya da kötü başımıza her ne geldiyse bir süre sonra alışırız, başka türlüsü çok zor olurdu bu örnekte olduğu gibi. Kimse bize söz vermedi, hayatın sıkıntısız geçeceğini, sevdiklerimizi günün birinde kaybetmeyeceğimizi söylemedi. Üzülmek, özlemek, acı çekmek doğal ve insani duygulardır. Bu duyguları yaşamakta hiçbir sorun yok. Önemli olan, başına geleni kabullenmen. İyi ya da kötü ben bunu yaşadım, şimdi ne yapacağım, yoluma nasıl devam edeceğim sorusunu sorabilmek.

Devam eden süreçte, yavaş yavaş da olsa Ahmet Bey, eşinin eşyalarından sadece birkaç parça hatıra aldıktan sonra, kalanları ihtiyaç sahiplerine dağıttı, evine birkaç parça yeni eşya aldı. Uzun zamandır görüşmediği eski dostlarıyla arada buluşmaya başladı. İşlerinin yoğun olmadığı bir aralıkta, yurtdışında yaşayan kızını ziyarete gitti. Hâlâ eşini çok özlüyor ama bir yandan da huzurlu ve umutlu hissediyor eskiye göre.

Bazen hayatta işler çok ters gider, iflas edersin, maddi kayıplara uğrarsın. Kendine yediremezsin bu başarısızlığı; nasıl böyle bir şey yaşarım, bunu hak edecek ne yaptım diye. Belki de kendini hayata kapatırsın, o sorunlu alana takılır kalırsın yıllar boyunca, aynı Ahmet Bey gibi ama bu kez farklı bir sebepten. Sorunlarına kabullenici yaklaşırsan onlarla boş yere savaşmak yerine buna harcayacağın enerjiyi, sorunların çözümüne harcayabilirsin.

Kabullenmek huzurun en büyük anahtarıdır, fark edebilenler için...

Gerçekten Hayatı Kontrol Edebilir misin?

Dünyada kendi benliğini değişken olarak algılayabilen tek canlıyız sanırım. Bir insan kendisini toz zerresinden bile daha önemsiz görebilirken, tarih boyunca birçok insan tanrı olduğunu iddia etmiştir. Bu değişkenlik aslında dünyayı ve kendimizi algılarken kafamızın ne kadar da değişken olduğunu ve sabit olmadığımızı gösteriyor. Kendimize ilişkin güçlü olma ve zayıflık algısının bir dengede olmaması bizim içsel dengemizi de bozacaktır. Her şeye gücü yeteceğini düşünen bir insan, gücünün yetmediği yerde bu durumu kendinden kaynaklanıyor zannedebilir, kendini çok önemsiz ve güçsüz gören birisi de, kendisi için atabileceği minik bir adımı atabilecek cesareti bile kendinde bulamayabilir.

Modern öğretiler bize içimizdeki gücün sınırsız olduğunu, istediğimiz her şeye gücümüzün yetebileceğini söylüyor. Eğer bir konuda çok iyi olamıyorsak ya yeterince istemiyoruzdur ya da yeterince çaba harcamıyoruzdur gibi iddialar da mevcut. Ancak her bir insanın ayrı ayrı olarak yapabileceği ve yapamayacağı şeyler vardır. Eğer sen bir kiraz ağacından elma vermesini beklersen o ağacın doğasına aykırı bir beklentiye girmiş olursun.

Bir kiraz ağacını elma vermiyor diye suçlarsan, o ağacın kendi mahsulü olan kirazı vermesine bile engel olmuş olabilirsin. Dışarıdan bakınca bir ağacın doğasından başka bir şey beklemek çok saçma görünüyor farkındayım. Ancak birçok insanın kendisine ve çevresine de davranış şekli buna benziyor. Aslında hiç yapamayacağı şeyleri yapamadığı için kendisini suçluyor ve bunun sonucunda ortaya çıkan o olumsuz ruh hali ve kendine inançsızlık sebebiyle gerçekten yapabileceği şeyleri de yapacak cesareti kendinde bulamıyor.

İlk başta her şeyi başaramayabileceğini kabullenmelisin. Senin üzerine düşen, elinden geleni yeterince iyi bir şekilde yapmak. Bütün bunlara rağmen sen çok çaba göstersen bile, senin elinde olmayan sebeplerden dolayı yine de bazı şeyler olmayabilir. Ama bunların olmaması senin hatan değil. Bazen bir sebebi olmaksızın olmaz. Böyle bir durumda kendini suçlaman, çok zarar verici olacaktır. Senin elinde olan bir şey değil bu. Hayatı kontrol edebileceğini zannediyorsun ama yanılıyorsun. Dünyayı kontrol edebildiğimiz inancı bir çeşit yanılsamadır aslında. Bizim bilinçli varlıklar oluşumuz böyle bir yanılsamaya sebep oluyor. Var olan var olmaya devam ediyor, biz de bu varoluşun bir parçasıyız. Bu yönüyle güçsüz olduğunu ve büyük resmi kontrol edemeyeceğini anlayan insan yersiz savaşlarından vazgeçiyor ve gücünü gerçekten işe yarayabilecek alanlara verebiliyor.

Zayıf olduğunu hissettiğin zamanlarda kendine acınası bir varlıkmış gibi davranmamalısın. Böyle olunca kendini güçsüzlüğünden kaçmak zorunda hissedersin, kendine öfke duymaya başlarsın ve içsel huzurundan uzaklaşır kendine yabancılaşırsın. Bazen denk geldiğim fazla gururlu insanların, kendi güçsüzlüklerini bir kusur gibi algıladıkları için demirden bir elbise giymiş gibi huzursuzluk içinde olduklarını gözlemlerim hep.

Çok doğal insani zayıflıklarını bile, karanlık sırlarmış gibi saklarlar, her daim herkese güçlü görünmek zorunda hissederler, bazen kendilerine bile. Halbuki insan kendi doğasının farkında olsa, bazen güçlü bazen de güçsüz olabileceğinin doğal olduğunu anlasa, kendisi için her şey daha kolay olacak. Ben bu durum için şu örneği veriyorum hep: Doğal olarak sualtında nefes almak gibi bir özelliğimiz yok ama sen suyun altına giriyorsun ve durmadan zorluyorsun kendini. "Nefes almalısın, hadi ama, başarabilirsin" diyorsun sürekli kendine. Ama maalesef böyle bir yeteneğin yok.

Duygusal Mükemmeliyetçilik

İnsan mutlu olur, üzülür, öfkelenir, bazen yetersiz hisseder, bazen bir günbatımını izlerken dünyanın geçiciliğini düşünür, içini bir hüzün kaplar. Bütün duygular insanlar içindir ve yaşanmalıdır. Ancak bazı insanlar vardır ki, olumsuz duyguları kendi ruhuna yakıştıramaz, hüzün, öfke ya da özlem gibi duyguların olmaması gerekir bir insanda derler. Kendilerine o kadar acımasız davranırlar ki bu konuda, doğal olarak ne zaman böyle olumsuz bir duygu ortaya çıksa bastırma eğiliminde olurlar. İçlerinde azıcık hüzün ya da bir ağlama isteği olduğunda kendilerini başarısız zannedebilirler. Sanki bu hayat maratonunda, herkes tam gaz koşarken, onlar tökezlemiştir, kendilerini acınası ve zavallı hissederler. Daha önce babası öldüğü halde hiç ağlamayan danışanımdan söz etmiştim hatırlarsan. Çok sevdiği babasını kaybettikten sonra ortaya çıkan yas duygusunu bile yaşamasına izin vermemişti ve bastırmıştı kendi içerisinde. Çünkü olumsuz duygular olmamalıydı hayatta ve insan her daim güçlü olmalıydı.

Günümüzde, bütün medya ortamlarında mutluluk hakkında yazılar, tespitler, araştırmalar paylaşılıyor. Sanırım son yıllarımızın en önemli gündem maddesi mutlu olmak. İşler öyle bir noktaya gelmiş durumdaki, hayatın tek amacı mutlu olmakmış gibi lanse ediliyor. Aslında tam olarak burada, işin temelinde bir yanlışlık var; mutlu olmak bir amaç gibi lanse edilse de aslında mutluluk bir sonuçtur. Sen şu hayatta yaşarken mücadele edersin, ilişkiler kurarsın, yaşarsın yani ve bunların sonucunda ortaya mutluluk çıkar. Mutluluğu bir amaç gibi düşündüğün zaman, yaptığın şeyleri mutlu olmak için yaptığın zaman, çabalarının doğallığı ortadan kalkar ve sen sonuç odaklı düşünmeye başlarsın. Bana söylenen şu kadar şeyi yaptım ancak hâlâ mutlu olamadım gibi bir beklenti ortaya çıkar.

Hayatın varış noktası hiçbir zaman mutluluk olmamıştır. Mutluluğun daim olması gibi bir durum da söz konusu değildir, arada sırada mutlu oluruz, arada sırada kendimizi kötü hissederiz ama hayatın büyük bir kısmında ortalama gider hayat, ne mutlusundur ne de mutsuzsundur. Seni mutlu eden şeyleri artırdığın zaman mutluluğunda kısmi bir artış olabilir, ancak bunların sayısını çoğaltırsan buna da alışırsın ve bu yapılan eylemler seni eskisi gibi mutlu etmemeye başlar. Seni mutlu edeceğini düşündüğün her neyi hayatına alırsan al, bir süre sonra ona alışacaksın ve o seni eskisi gibi mutlu etmemeye başlayacak. Mutluluğun yerini doğru konumlandırdığın zaman, o geldiği zaman kabul edersin hayatına.

Diğer bütün duygular da mutluluk kadar gerçektir. Hüzün, öfke, endişe, hepsi hayata dahildir ve dönem dönem ruhumuzu ziyaret edebilir. Hüzünlenmen, hasta ya da başarısız olduğunu göstermez, sadece sağlıklı şekilde hüznünü de yaşayabildiğini gösterir. Senin kendince olumsuz gördüğün duyguları hayatından dışlaman onları yok etmez, sadece onları sakladığın yerde sana zarar veren bir basınç oluşturur. Bir gün sosyal medya hesabımda camdaki yağmur damlalarının olduğu bir fotoğrafla beraber ne kadar hüzünlü hissettim anlamında bir şey paylaşmıştım. O kadar çok mesaj almıştım ki o paylaşımın üzerine. Birçok insan şu an şokta olduğunu, bir psikoloğun nasıl olur da hüzünlü hissedebileceğini soruyorlardı. Ben de bu sorular karşısında şoka girmiştim. Kendime ne ara bu hale geldiğimizi, çok insani olan hüzün duygusunu neden hayatımızdan dışladığımızı sordum. Sonrasında başka bir paylaşımla, olumsuz gibi görünen duyguların da insani olduğunu, bunları hissetmenin insanı olgunlaştırdığını ve ruhu zenginleştirdiğini anlattım. Aslında uzun zamandır zihnimizi sterilize etmeye çalışırken kendi doğamızdan kaçar olduk. Eski zaman mezarlıkları hep şehrin içinde, insanların yollarının üzerinde olurmuş. Gün içinde dışarı çıkan her insan, yol üzerinde gördüğü mezarlıklarla beraber ölümü hayatın dışında düşünmezmiş. Ölümün sebep olduğu ayrılıklar o zaman da can yakarmış ama hayatın içinde ölüm her daim konuşulur haldeymiş. Bugün mezarlıklar çoğu zaman şehir merkezlerinin dışında yer alıyor. Bir sohbet esnasında ölümden bahsettiğiniz zaman insanlar tedirgin oluyorlar. Böyle olunca ölüm kavramı içimizde oturmuyor ve kaçtığımız karanlık bir tarafı temsil ediyor bir yanıyla. İşte olumsuz duygular da biraz bu hale gelmeye başlıyor zihinlerimiz için. Eğer ki öfke hissediyorsan öfken sana bir uyarı veriyordur, bir sorun var bunu çöz diyordur, endişe hissediyorsan kendini koruman ve önlem alman gereken bir durum var mı diye soruyordur. Elin ateşe değerse canın yanacaktır. Çünkü canın yanmasaydı ateşten korunman gerektiğini öğrenemezdin. Duyguların da yaşadıklarının reaksiyonudur. Duygularını yargılamak yerine onların ne demek istediğini dikkate alman senin kılavuzun olacaktır.

Hiç Olmayacağını Öğrensen Ne Yapardın?

Senin de herkes gibi hayattan beklentilerin var, güzel şeyler olmasını istiyorsun. Güzel bir ilişki, parlak bir kariyer, nur topu gibi çocuklar ya da istediklerini almana yetecek kadar maddi güç. Hayattan böyle şeyler beklemende garip olan hiçbir şey yok. Ancak beklentilerimiz bazen o kadar güçlü bir hale gelir ki, hayatın akışından koparır bizi. Kendimizi eksik hissettiğimiz bir zaman diliminde, o beklediğimiz şeyin bütün hayatımızı değiştireceğini düşünürüz ya da tam tersi şekilde hayatımızda kötü giden ne varsa, o eksik olan şey yüzünden kötü gidiyor diye düşünürüz. Böyle olunca gözümüz kulağımız, o olmasını istediğimiz şeye döner. Her an bir gelişme bekleriz, sabırsızlanırız.

Bu durumla çok fazla karşılaşıyorum; diyelim ki birisi hayatına biri girsin, onu sevsin ve yalnızlıktan kurtarsın istiyor. Bu durumu öyle bir şekilde hayatının merkezine alıyor ki, tek gündemi yalnızlığı ve neden hayatında biri olmadığı oluyor. Çevresindeki herkesle bu konuyu konuşuyor, yalnız kaldığında bu konuyu düşünüyor ve hayıflanıyor durumu için. Bu arada hayat akıp gitmeye devam ediyor. O, hayatın ona keyif veren diğer kısımlarını fark etmiyor bile. Arkadaşlar, aile ya da işi onun gözünde pek bir anlam ifade etmiyor. Bu durum hayatında birisi olsun ihtiyacı, isteyip de çocuk sahibi olamamak ya da bir hastalığın tedavi sürecinde o hastalıktan kurtulma isteği şeklinde de olabilir, süreç hepsinde aynı şekilde işliyor. Burada asla beklenen şeyin önemsiz olduğunu kastetmiyorum, sadece o an için bir şey yapamadığın durumlarda, o konuyu hayatın merkezine almanın, hayatın sağlıklı alanlarına zarar verdiğini düşünüyorum. Diyelim ki bir kapıdan güzel bir haber gelmesini bekliyorsun. O kapı çalacak ve o beklediğin güzel haberi alacaksın, her şey çok güzel olacak. Kapının zili çaldığı zaman evin her yerinden duyabilirsin ama sen yine de kapının önüne diz çökmüş bir şekilde bütün dikkatinle kapıya bakıyorsun. Evde televizyon izleyebilir, kitap okuyabilir ya da ailenle sohbet edebilirsin. Ama sen kapıdan başka bir şey görmüyorsun, içeriden birisi seslenince, sana hadi kızım/oğlum gel çay içelim dediğinde, hiçbiriniz beni anlamıyor diye tepki gösteriyorsun. Ama kapı çalsa zaten duyarsın, kapıda beklemenin anlamı var mı?

Uzun zamandır, insanlarda fark ettiğim bir durum var. Diyelim ki biri bir şeyi çok istiyor ve bu istediği şey olmadığı için çok mutsuz hissettiğini söylüyor. Bu kişinin istediği şey, temel hayat ihtiyaçları değilse ve olmazsa da olur şeylerse, kişi o istediğini hayatına aldığı andan kısa bir süre sonra eski haline dönüyor. Yani böyle bir durumda mutsuzluğu ortaya çıkaran şey, arzu nesnesinin eksikliği değil kişinin içsel eksikliği oluyor.

Böyle durumlarla karşılaştığım zaman danışanlarıma sorarım. Şu elimdeki kahve bardağı (genelde elimde hep bir kahve bardağı olur seanslarda) sihirli olsaydı ve içindeki kahveye baktığımda senin geleceğini görüyor olsaydım ve gelecekte istediğin şeyin hiçbir zaman olmayacağını gördüğümü söyleseydim ne yapardın? İlk başta birçok kişi sorunun ümitsiz yanından dolayı kötü hisseder ve mahvolurdum, hiç mutlu olamazdım gibi cevaplar verir. Ben de bardakta sadece istediğin o ana şeyin olmadığını görüyorum, diğer her şey yolunda görünüyor dediğim zaman cevaplar, bir süre sonra kabullenirim ve hayatın diğer keyif verici alanlarına odaklanırım şekline dönüşür genellikle. Peki şu an seni bunu yapmaktan alıkoyan şey nedir diye sorduğumda derin bir sessizlikle karşılaşırım. Eğer ki beklediğin şey konusunda şu an aktif olarak yapacak bir şeyin yoksa, kapının önünde bekleyerek hayatını heba etmenin de bir anlamı yok. Sen yapman gerekeni yaparsın ve hayatının geri kalan iyi kısmına odaklanırsın. Tamam, belki yüzde yüz iyi hissettirmeyecek ve zihninin arka tarafında bir yerlerde yine kendini sana hatırlatacak ama olsun. Eski halinden kat kat daha iyi olacak. Ve olur da bir gün o isteğin gerçekleşirse bu sürprizle hayatın renklenecek.

Bazen Sadece Sabredersin

Modern zaman insanı, hissettiği her olumsuzluğun bir devası olsun istiyor. Yaşadığı hastalıkların bir tedavisi olduğu gibi, hissettiği hüzünlerin, acıların ve özlemlerin de bir tedavisi olsun beklentisi içine girebiliyor. Bir ayrılık sonrasında bana gelen ve ayrıldığı insanı kastederek "Aklımdan onu silebilir misin?" diye soran o kadar çok danışanım oldu ki bugüne kadar. Eminim sevdiği birini kaybettiği ya da başına kötü bir şey geldiği zaman hissettiği o acıdan onu anında kurtarabilecek bir yöntemin olmasını isteyen o kadar çok insan var ki. Ama bugüne kadar yaşadığımız deneyimlerle şekillenen bir bakış açısıyla bunu söylüyoruz. Acaba geçmişte başımıza gelen şeyleri hiç yaşamamış olsaydık, bugün hayata böyle bakan sen aynı sen olabilir miydin? Bugün sana eşlik eden o kişiliğin, geçmiş deneyimlerinle şekillendi iyisiyle ve kötüsüyle. Seni iyi yapan şeylerle kötü hissettiren şeylerin hepsi birbirinin içine geçmiş durumda. Birinden kurtularak diğerini var edemezsin.

İşte bu acıdan kurtulma arzusu o kadar baskın bir hale gelir ki bazen, insan madde ya da alkol kullanarak, kendine uygun olmayan ilişkilerin içine girerek hissettiği o duygulardan kurtulmaya çalışır. Bazen de tamamen yok sayma yoluna gidebilir. Böyle durumlarda, acıdan kaçmaya çalışan insan, kaçtığı acıları halının altına süpürerek çözemediği gibi kendisine yeni sıkıntılar edinir. Çözüm olsun da nasıl olursa olsun yaklaşımı insan doğamızı inkârdır. Bazı problemler vardır ki, sadece sabredersin. O problem için artık yapacak pek bir şey kalmamıştır. Bunu demirci fırınından çıkmış çok sıcak bir demire benzetebilirsin. Hemen soğumasını istersin, niyetin o demiri kullanmak. Ancak bu öyle bir demir ki, soğuması biraz zaman alacak. Olur da hemen soğusun diye üzerine su dökersen ya da başka bir yöntemle aceleye getirmek istersen, bu durum demiri olumsuz etkileyecek ve kullanmak istediğin malzemenin kalitesini bozacak. Tek seçenek var, bekleyeceksin. Beklediğin zaman sonuca ulaşacaksın.

Sabır adını bildiğimiz ancak kullanımını unuttuğumuz bir beceri. Beklediğimiz şeyi beklerken acele etmeme, sakin bir şekilde bekleme becerisi kısaca. Sabreden kişi, elinden geleni yaptığını ya da yapacak bir şey kalmadığını bilir ve zamana bırakır. Zaman çoğu zaman, olayları bambaşka bir noktaya getirir. Özellikle çok kötü hissettiğin zamanlarda, bir çözümü varmış da bunu bulamıyormuşsun gibi düşünmeni önermem. Birçok insan yaşadığı olumsuzlukların ilk zamanlarında dayanamayacakmış gibi hissediyor, buna çok kez şahit oldum. Ancak sabır deyip zamana bıraktığın zaman, her geçen günle birlikte canın daha az acıyor. Daha önce de dedim, iyi ya da kötü her şeye alışıyoruz. Yani kendini boşuna yıpratma, bazen sadece sabredersin, elinden gelen budur. Bu beceri de hiç azımsanacak bir beceri değildir.

Olmadığın Biri Gibi Davranmak

Hiçbirimiz içine doğduğumuz koşulları ve ailemizi seçmedik. Herkesin koşulları çok farklı; kimi çok daha rahat büyürken, kimisi zorluklar içinde mücadele veriyor. Kimisi zengin bir aileye, kimisi de maddi durumu pek de iyi olmayan bir aileye doğuyor. Kiminin dini farklı, kiminin mezhebi, kiminin de milleti farklı. Kiminin ailesi üniversite mezunu, kimisininki okuma yazma bilmiyor. Yani bu hayatta nerede doğduğumuz ve belli bir yaşa gelene kadar nasıl yetiştirildiğimiz kontrolümüzde değil. İlk başta nasıl bir koşulda ya da ailede büyüdüğümüz konusunda çok farkındalığımız olmuyor çünkü kıyaslama yapma imkânından yoksunuz. Sonra okul hayatına başlayınca toplumun ilk şubesine dahil olmuş oluyoruz. Hangi yaştan oluşursa oluşsun, toplumun her parçasının kendine ait içsel bir dinamiği vardır. Çocukların oluşturduğu bir toplumun çok saf ve masum olduğunu düşünmek yersiz olacaktır; büyükler dünyasının küçük yansımalarını ve hatta daha acımasız halini çocukların oluşturduğu topluluklarda da görebiliriz.

Çocuksu dünyasının kıyaslamasından çıkıp, toplumsal sisteme dahil olan çocuk, giyim tarzı, konuşma şekli, şivesi, anne babası gibi konularda birçok açıdan diğerleriyle kendini kıyaslamaya başlar. Ve bu konularda kendini eksik ya da farklı hissedebilir. Bazen de dahil olduğu gruptaki çocuklar tarafından herhangi bir konuda dışlanır ya da dalga geçilir. Bunun sonucunda çocuk sahip olduğu bireysel ve toplumsal özellikler sebebiyle kendini eksik ya da aşağı seviyede görebilir. Birçok insan geçmişinde böyle bir yoldan geçmiştir. Çocukluk dünyamızda, buna benzer yaşantılar aşağılık kompleksi oluşmasına neden olur. Hepimizde az ya da çok aşağılık kompleksi vardır. Aşağılık kompleksi yaşamaktan daha önemli olan şey hissettiğin aşağılık kompleksi ile nasıl baş ettiğindir.

Diğer insanlardan farklı ya da eksik olduğunu hissetmek insanın canını acıtır. İnsan çoğu zaman toplumun genel normlarına uyma eğilimindedir. Eğer toplumun çoğunluğundan farklı hissedersen ya da hissettirilirsen kendini dışlanmış ve değersiz bulabilirsin. Ve bu his katlanması çok kolay olan bir his değildir. Eğer bu his neticesinde kendini hatalı bulursan, doğal olarak "sen" olan asıl halini saklama ve değiştirmeye çalışmak zorunda hissedersin. Ve bu durumu içinde çözmezsen, ne kadar popüler ya da zengin olursan ol, hep arka planda seni zorlamaya devam eder. Birçok popüler ve başarılı ismin bize garip ve abartılı gelen davranışlarının arkasında aslında aşağılık kompleksi ile baş etme çabaları yatar.

Günlük hayatın içerisinde de bu durum bizi etkilemeye devam eder. İçinde bulunduğumuz aileyi saklama eğilimi, olmadığın bir sosyokültürel grubun üyesi gibi davranma, maddi bütçeni çok fazla zorlayarak, ciddi borçların altına girerek giyim, kozmetik ürünleri ya da araba almak gibi çabalar çoğunlukla arka plandaki aşağılık kompleksini bastırma çabasıdır. Ancak ne yaparsan yap, var olduğun halini kabullenmediğin ve farklı birisiymiş gibi davrandığın zaman, çok fazla yorulursun. Çünkü var olduğun halin gibi olmak için çaba harcamazsın, davranışlarını ortaya koyarken düşünmezsin tekrar tekrar, çünkü olduğun gibisindir. Ama olduğundan daha farklı görünmek ve kendi gerçeğini saklamaya çalışmak, filmlerdeki o meşhur sahne gibidir; olmadığın birisi olduğunu iddia etmişsindir ve çevrendeki insanları inandırarak o işe ya da ortama alınmışsındır. Ama her daim yakalanmak ve gerçeğin ortaya çıkma ihtimalinden dolayı çok gerginsindir. Gerçek hayatta durum bu kadar belirgin olmasa da, olmadığı birisi gibi davranan insan, çoğu zaman kaynağını kendisinin fark edemediği bir ruhsal yorgunluk yaşar. Bu sefer kendi hayatımdan bir örnek vermek istiyorum sana.

Üniversite döneminde çok sevdiğim bir arkadaşımla beraber, okul hayatımızdan geriye kalan zamanları verimli değerlendirebilmek adına birçok kuruma staj başvurusunda bulunmuştuk. Başvuruda bulunduğumuz çoğu yer geri dönüş yapmasa da, arada sırada mülakat için çağrıldığımız oluyordu. Bunlardan birisine bu arkadaşımla beraber gittik ve her zamanki durumun aksine, mülakatı yapan kişi, ikinizle birlikte görüşeceğim dedi. Bizi tanımaya çalışırken, kendimizle, ailemizle ve beklentilerimizle ilgili sorular sordu. Babamın ne iş yaptığını sorduğunda, ben çok rahat bir şekilde taksi şoförü dedim. Tam o sırada arkadaşımın kıpkırmızı olduğunu ve öfkeyle bana baktığını gördüm. Onun babası da boyacılık yapıyordu ama o aynı soruyu serbest meslek şeklinde cevapladı. Benim aklım arkadaşımın bana olan bakışına takıldı, çok merak etmiştim. Görüşme bitip odadan çıkar çıkmaz neden öyle baktığını sordum ona. Bana dediği şeyi hâlâ unutamam: "Sen salağın tekisin, senin yüzünden staja kabul edilmeyeceğiz." Ben hâlâ anlam veremiyordum onun bu tavırlarına. Neden böyle olduğunu sorunca, ben babamın taksici olduğunu söylediğim için bizi aşağı göreceklerinden, bizi staja kabul etmeyeceklerinden emin olduğunu söyledi. Ben de böyle konularda neysem o olduğumu ve kendimi farklı ifade etmek istemediğimi söyledim. O da "Sen bu akılla çok ileriye gidemezsin" demişti, hiç unutamam. Aradan kısa bir süre geçince, ikimizin de staja kabul edildiğini öğrendik ama bu arkadaşımla da aramız eskisi gibi olamadı tekrar.

Bana çok garip gelmişti o zaman arkadaşımın bu tavırları. Şu an yaşadığı tedirginliği çok iyi anlıyorum geriye dönüp bakınca. Kendi bulunduğu konumdan daha üst seviyede gördüğü bir topluluğa kabul edilme kaygısı, onun için çok rahatsız ediciydi. Ve kendi geçmişini, benliğini saklamak zorunda hissediyordu. İnsanları gözlemlediğim zaman, birçoğunun benzer şekilde tedirgin hissettiğini fark edebiliyorum.

Çocukken yaşadığın dışlanma, yetişkinlikte daha azdır. Çünkü yetişkinlerin dünyasında kendi çevreni kendin oluşturursun ve sana daha uyumlu olan insanlarla birlikte olursun. Ama yine de buna rağmen, yetişkinlik dünyasında da şekilci bakan, dışlama eğiliminde olan insanlar vardır. Bu insanlar seni tedirgin edebilir. Ancak çoğu zaman, verdiğin emek ve aldığın fayda ekseninden baktığın zaman, kendini saklayarak elde ettiğin şey, kendini saklarken, farklı davranırken hissettiğin gerginlik ve sana verdiği zarar düşünüldüğü zaman kesinlikle değmeyecek bir şey.

Doğruyu ifade etmek için ekstra çaba harcamaya gerek yoktur, doğru doğrudur. Bugünden yarına değişmez ve sen aynı konuyu tekrar tekrar düşünmek, planlamak ve ifade etmek zorunda değilsindir. Baban taksiciyse, köyde büyümüşsen, annen baban şiveli konuşuyorsa, evin çok güzel bir muhitte değilse bunlar senin gerçeğindir. Bunları kabul ettiğin zaman, bu konular senin için düşünülecek ve saklanılacak noktadan çıkar. Enerjini bu gerilime harcayacağına, kendini geliştirmeye harcayabilirsin. Sen kendin olduğun zaman güçlüsündür, kendini saklayıp farklı davrandığın zaman sadece güçlüymüş taklidi yaparsın.

Günümüzde birçok insan temsili olarak kendini sunmakta. Olduğu kişi olarak değil de olmak istediği kişi gibi davranıyor. Bütün değerler, insanların kendini pazarlamak için kullandığı bir nesne haline dönüşüyor. Bu süreçte, bilgisayar oyunlarında karakter seçtiğimiz gibi gerçek dünyada kendimize karakterler seçip onları oynamaya başlıyoruz. İnsanların kendilerini böyle sunduğu bir dünyada, samimi olmak, iyilerinle kötülerinle ortada olmak en büyük güçlüklerden birisi. Başka insanlar bunun için enerji harcarken sen samimiyetin gücünü yaşarsın. Benim fark ettiğim bir durum var tam olarak bu konuyla ilgili. İnsanlar diğer insanların, gerçekte olmadığı gibi davrandığını açık bir şekilde algılayamayabiliyor ama bir şeylerin eksik olduğunu hissediyorlar. Dışarıdan çok etkileyici görünen insanlar, gerçekte öyle değillerse sadece belirli bir süre etkileyici olabiliyorlar. Sonrasında o parıltılı hal yavaş yavaş sönmeye başlıyor. Ama samimi olan insanların parıltısı hiç sönmüyor.

4. BÖLÜM

Değersizliği Yenmek, Kendi Değerini Yeniden Keşfetmek

Hissettiğin Değersizlik Nereden Geliyor?

Şu koskoca evrende, insan kalabalıklar içinde yaşasa da için-de bir yerlerde hep yalnız olduğunu hisseder. Çünkü evren ve zaman sonsuzdur ama insan küçük ve ölümlüdür. Bu gerçekle yüzleşiyor olmak insanların hiçbir zaman hoşuna gitmemiştir. Bu gerçeği görmezden gelmek adına tarih boyunca birçok şey denemiştir insanlık. Kalabalık şehirler halinde yaşamanın, her yerin ışıl ışıl aydınlıklar içinde olmasının bir sebebi de bu ev-rendeki yalnızlığımızı bir nebze unutturabilmesidir. Koca evre-nin hissettirdiği değersizlik hissi, neredeyse her insanın içinde standart olarak var olan bir histir. Kimi bunun farkındadır, ki-misi de bunu fark etmese de dolaylı yoldan başka konularda bu değersizliği hisseder.

Bir de içine doğduğumuz küçük evrenimiz vardır. Bu kü-çük evreni modern dünyada çekirdek ailemiz ya da bize bakım veren, büyüten insanlar oluşturur. Bir çocuk içinde bulunduğu evrenin, sadece bu küçük evrenden ibaret olduğunu zanneder. Onun için sadece ebeveynleri vardır. Bu o kadar önemli bir şeydir ki her şeyinin, ebeveynleri olduğunu zanneden küçük bebeğin zihninde kendi varlığının kanıtı, anne babasının kendisine bakışları, sözleri ve yaklaşımlarıdır. Bir insanın kendine ilişkin ilk değerlerinin oluşması ailesinin ona yaklaşım şekli ile şekillenir. İçine doğduğumuz aileyi biz seçmiyoruz, onların bize yaklaşımları aslında kendi kişilikleri ve deneyimleri ile ilgilidir ancak çocuk aklı bunun kendisiyle ilgili olduğunu zanneder. Yetersiz sevgi alan, evde değer görmeyen bir çocuk, anne babasının sevgi kapasitesinin olmadığını fark etmez, kendisinin sevilmeye layık olmadığını düşünür. Anne babasının mükemmeliyetçi yaklaşımından dolayı belki sevilmesi için her zaman mükemmel olması gerektiğini düşünür, bunun için hiç hata yapmaması gerektiğine şartlanır. Anne ya da babanın uzak kalması ya da evi terk etmesi ile içinde bir yerlerde gerçek anlamda hiç sevilmeyeceği ve her an terk edilebileceği korkusu yerleşir. Anne babasının ilgisiz ve soğuk yaklaşımı sebebiyle, hep kendini sevdirmeye çalışır ama başarısız olunca da dikkat çekmek için türlü türlü taşkınlıklar yapmaya başlar. Boşanmaya çalışan bir kadın ya da erkek, çocuk olunca boşanamaz ve bunun sorumluluğunu çocuğa yansıtır ve o çocuk her daim sorumlusu olmadığı bir suçun günahını yaşamak zorunda kalır. Çocuk aklı işte, bütün bunların benimle ilgisi yok diyemez. Onlar anne ve babam ne yapıyorlarsa doğru yapıyor diye düşünür ve onların kendisine yaklaşımını kendi benliğini inşa etmek için kullanır. Bir örnek vermek istiyorum:

Ahmet bana geldiğinde on dört yaşındaydı ve okuluna devam ediyordu. Ailesi onu, sosyal kaygıları ile baş etmesi konusunda destek alması için bana getirmişti. Ahmet'le görüşmeden önce ailesinden Ahmet hakkında bilgi almak istedim ve odama aileyi davet ettim. Anne ve baba, kendilerinden çok fazla emin bir şekilde odama girdiler. Şık giyimleri dikkat çekiciydi. Ahmet hakkında konuşmaya başlayınca, bazen annenin bazen de babanın Ahmet'i anlatış şekilleri karşısında donup kaldığımı hatırlıyorum. Şu an bu satırları yazarken, hâlâ içimi garip bir duygu kaplıyor. Baba çok rahat bir şekilde, "Beyhan Hocam, bizim çocuk en başından bu yana böyle, tam bir kuş beyinli" dedi. Anne sözü aldı, "Biz ne yaparsak yapalım anlamamak için elinden geleni yapıyor ve evde bizim yanımızda oturmak istemiyor. Varsa yoksa bütün dünyası oynadığı bilgisayar oyunu oldu son bir iki yıldır. Biz elimizden geldiğince onu düzeltmeye çalışıyoruz ama sanırım o hep böyle vasat kalacak" dedi. Ben daha öncesinde bir anne babanın çocuklarını böyle tanımladığına hiç şahit olmamıştım. Buna benzer hor gören ve aşağılayıcı birkaç tanımlama daha yaptılar. Sonrasında ben Ahmet'le görüşmek istediğimi söyledim. Aileye sormuştum Ahmet'in tıbbi geçmişini ve anne babası hiçbir şey olmadığını söylemişti. Ancak Ahmet'in odaya girerken kambur duruşu benim için fazlasıyla dikkat çekiciydi.

Ahmet ilk seansta çok açılmadı. Sonraki seanslarda aramızdaki güven geliştikçe yavaş yavaş kendi dünyasını ve yaşadıklarını anlatmaya başladı. Bir seansta bana, bacağındaki morlukları göstermişti. İlk olarak benim aklıma ailesi gelmişti ama Ahmet bunu okuldaki diğer çocukların yaptığını söylemişti. Okuldaki diğer çocuklar, Ahmet'le sıklıkla alay ediyorlar, bazen sebepsiz yere ona vurabiliyorlardı. Bu morluklar bu sebeple oluşmuştu. Bu durumu ailesine ifade ettiğinde, ailesi ona tepki göstermiş ve babası tam bir ezik gibi davrandığını söylemişti. O da çözümü, her zaman yaptığı gibi kendini bilgisayar oyununa vererek rahatlamakta bulmuştu yani sanal dünyasına kapanmıştı. Hem Ahmet'le hem de aileyle görüşmeye devam ettim. Ahmet'in yaşadığı sorunların kaynağı ailenin sorunlu yaklaşımıydı. Aşağılama, yetersiz görme ve bazen dalga geçme hali Ahmet'in kendinden şüphe duymasına ve büyük sosyal sorunlar yaşamasına sebep olmuştu. Aile kullandığı tanımlamaların ve disiplin yöntemlerinin yararlı olabileceğini düşünüyordu. Aileye bu konuda farkındalık kazandırmak uzun zamanımı aldı. Ailede tam anlamıyla büyük bir değişiklik olmasa da birazcık ilerleme kaydedebilmek bile benim için çok önemliydi. Ahmet her seansı iple çektiğini, benim yanımda kendisini çok rahat ifade ettiğini söylüyordu. Bir gün Ahmet'e sordum: Kambur değilsin ama sanki büzüşmüş gibi neden kambur duruyorsun?" Ahmet'in cevabı tokat gibiydi: *"Beyhan Ağabey, eğer dik durursam diğer insanları rahatsız edecekmiş gibi hissediyorum, böyle büzüşmüş durarak, diğer insanların beni fark etmemesini umuyorum."*

Uzun bir psikoterapi süreci neticesinde, Ahmet dik durmaya, kendisini daha iyi ifade etmeye ve sağlıklı arkadaşlıklar kurmaya başladı. Hâlâ sıklıkla kendisini çok değersiz hissettiğini söylese de, eskiye oranla hayattan çok daha fazla keyif aldığını ifade ediyor.

İşte içine düştüğümüz aile ortamı bizi bu kadar net etkiliyor. Büyük bir evrende yalnız olmanın hepimize hissettirdiği değersizliğin yanı sıra küçük evrenlerimizde yani aile ortamında bazı insanlar değersizliği çeşitli şekillerde deneyimlerler, kendi değerlerini oluştururken bu durumdan etkilenirler. Ahmet'in durumu buna büyük bir örnek. Bütün değersizlikler bu kadar belirgin şekilde ortaya çıkmaz. Çoğu zaman yapılan olumsuz yaklaşımlar sevgi adına yapılır. Sevdiğim için, seni düşündüğüm için ya da seni korumak istediğim için yapıyorum der ebeveyn. Ama sevgi adına yapılan bu davranışlar, kişinin kendisini değersiz hissetmesinin kaynağını oluşturur.

İnsanın kendisine eğer onlar olmasaydı ben kendimi çok değerli hissederim dediği "değersizlik mazeretleri" dediğimiz şeyler vardır. Genelde bu mazeretler, maddi şeyler olur. Şu kadar param olsa, istediğim fiziksel özelliklere sahip olsam, şurada yaşasam gibi. Bu maddi mazeretlerin insana değerli hissettiren tarafları olmakla birlikte, insan yaşadığı içsel değersizliği bunlarla kapatamaz. Bugüne kadar yolumun kesiştiği yüzlerce örnekte, bütün bu maddi değerlere ve hatta çok daha fazlasına sahip olan insanların yaşadığı değersizlik hissi dikkat çekiciydi. Bir de bunun tam tersi olarak, yeterli maddi güce sahip olmayan ve toplumun standartlarından daha farklı bir standarda sahip olan insanların kendilerini çok değerli hissettiğine tanık oldum.

Çocukluk çağında oluşan bu tanımlamalarla, insan kendisine ilişkin değerini tarif ederken, standart bir gerçeklik gibi kabul eder farkında olmadan. Su ıslatır, ateş yakar ve ben değersizim gibi. Bazı insanlar çocukluk çağında içselleştirdiği bu değersizliği, tamamen gerçek olarak kendi içinde bir yerlere koyar ve bir daha sorgulamaz. Yetişkin olduğun zaman sen sadece değersiz ve önemsiz hissedersin, değersizliğin kaynağını gerçek kabul ettiğin için sorgulamazsın. İşte gerçek olarak kabul ettiğin o şeyleri sorgulama zamanı geldi.

Değersizliğin kaynağını sorgulamak için, özellikle hangi zamanlarda, kimlerle beraberken ve hangi ortamlarda değersiz hissettiğine bir bak bakalım. Değersizlik hissinin çıkışı ilk başta tesadüfi gibi görünse de, her zaman bir tetikleyici vardır. Bu bazen bir insan bazen de içinde bulunduğun ortamdır. Sıklıkla kendini bu konuda gözlemleyip notlar aldığın zaman değersizlik tetikleyicilerini bulabilirsin. Ayrıca değersizlik mazeretleri hissettiğin değersizliği açıklama konusunda bugüne kadar sana çok mantıklı gelmiştir. Bu konuda, bunların mazeret olabileceğini düşünüp aksi durumun nasıl olabileceğini hayal edebilirsin. Ve en önemli şey, değersiz hissediyor olman değersiz olduğun anlamına gelmez kesinlikle.

Daha önceki bölümlerde duygularla düşüncelerin karışabileceğini, hissettiğin şeyleri gerçek zannedebileceğini konuşmuştuk. Değersizlik konusunda da bu durum geçerli. Geçmişten getirdiğin değersizlik hislerin sana bugünün olaylarını yorumlarken hata yaptırabilir.

Geçmişinde İşine Yarayan Çözüm Yöntemleri Bugün Başına Bela Olabilir

Hayat akıp gidiyor, günler birbirine benzese de zamanla beraber o günlerin içeriği de bizim yaşadıklarımıza verdiğimiz tepkiler de dönüşüyor. Sabit kalan taraflarımız olmakla birlikte, hayatı yorumlamamız değişkenlik gösteriyor. İnsan çoğu zaman hayatındaki zorluklara karşı savaşan bir varlık. Bugün kurduğumuz dünya medeniyeti de aslında bu mücadeleci tarafımız sayesinde oluştu. Sorunları çözdük, yeni şeyler icat ettik ve daha ileriye gittik hep. Bu insanlık tarihinde böyleyken, kişisel tarihimizde de benzer süreçler ortaya çıkıyor. Çocukluğumuzdan itibaren karşılaştığımız sorunlara yönelik, bazen işlevsel bazen işlevsiz çözüm yöntemleri geliştiriyoruz. Bir şekilde yerimizde durmuyoruz yani, iyi ya da kötü yol alıyoruz.

Özellikle geçmişte yaşadığımız uzun soluklu problemlere karşı geliştirdiğimiz çözüm yöntemleri, eğer onları çok fazla kullanmışsak hayatın her alanına yayılabiliyor ve bizim gerçeğimiz olabiliyor. Geçmişte bir noktada işe yarayan bu yöntemler, ilerleyen zamanlarda problemlerimizin asıl sebebi haline gelebiliyor. Bu durumu netleştirmek için bir örnek vermek istiyorum:

Nesrin yirmi dokuz yaşındaydı, iş hayatında yaşadığı öfke problemleri sebebiyle bana başvurmuştu. Nesrin, lise yıllarında uzun süre obezite problemi yaşamış ve bu süreçte uzun bir süre yüz kilonun üstünde olduğu bir dönem olmuştu. Özellikle okulda, birçok insan kilosuyla dalga geçerken o bu duruma çok üzülüyormuş. Ve bir süre sonra, bu üzüntü öfkeye ve saldırganlığa dönüşmüş. Ne zaman birisi kilosuyla dalga geçse hemen öfke patlaması yaşamaya ve işi bazen fiziksel anlamda saldırganlığa dönüştürmeye başlamış. Onun öfkesi ve saldırganlığı sağlıksız da olsa bir süre sonra okuldaki insanlar eskisi gibi onun kilosuyla dalga geçememeye başlamışlar. Ama Nesrin, insanlar kendisine fazlaca baktığında bile tepki vermeye başlamış. Lise yılları bu şekilde zor geçmiş. Üniversite yıllarına geldiği zaman, fazla kilolarını azimli bir şekilde veren Nesrin fit bir vücuda kavuşmuş. Bu kilo verme sürecinden sonra bir daha kilo problemi yaşamamış.

Şimdiyse tam karşımda oturan Nesrin, iş hayatının rutin akışında çok küçük eleştirilerde bile aşırı tepkiler veriyor, bazen sevdiği arkadaşlarını bile kırabiliyordu. Bazı durumlarda alınganlığı hâd safhaya çıkabiliyor, çok anlamsız şeylere bile tepki gösterebiliyordu. Nesrin'le terapi sürecinde, eleştirilere karşı gösterdiği bu sağlıksız baş etme yönteminin kökenlerini ararken, lise yıllarındaki zorlu yaşantıları bulduk. O zamanlar, kendisine yöneltilen aşağılamaları öfke ile savuşturan Nesrin, yıllar içinde bu durumu her eleştiriye genellemiş ve çözüm yöntemi olarak öfkeyi kullanmaya devam etmişti. Zamanında işe yarayan bu yöntem şu an onun sorununun ana kaynağı haline gelmişti.

Birçok insan gibi Nesrin de, şu anki duruma verdiği tepkilerin tek sebebinin şu an yaşadığı olaylar olduğunu düşünüyordu. Ancak şu an verdiği öfkenin aşırı olmasının sebebi, geçmişinde yaşadığı olumsuz deneyimlerdi. Geçmişte kullandığı savunma mekanizması, bir şekilde işe yaramıştı. Ama bu yöntem, yetişkinlik dünyasında ve iş hayatında onun hayatını olumsuz etkiliyordu. Nesrin şu an verdiği tepkilerin kaynağının geçmişinde yaşadığı olumsuz deneyimlerle ilgili olduğunu anlayınca, kendi öfkesi konusunda çok daha fazla farkındalık sahibi oldu. Öfkesini tanıyan Nesrin, bizim çalışma sürecimizle birlikte öfkesini kontrol etmeye ve sağlıklı bir şekilde ifade etmeye başladı.

Özellikle tekrarlayan işlevsiz çözüm yöntemleriyle karşılaştığım zaman, hep geçmişte bu işlevsiz davranışın işe yaradığı bir dönem olup olmadığını kontrol ederim danışanlarımda. Ve ilginç bir şekilde, birçok işlevsiz çözüm yönteminin, geçmişte işe yaradığı bir dönemle karşılaşırım.

Eğer sen de sıklıkla hayatın sorunları karşısında yanlış çözüm yöntemleri kullandığını fark ediyorsan ya da kullandığın yöntemler işe yaramak bir tarafa sana zarar veriyorsa, geçmişine dönüp bakabilirsin. Geçmişindeki dünyan ile şu andaki dünyan arasında ciddi farklar var. Çocukluk dünyasında birçok şey daha ilkel yöntemlerle çözülürken yetişkinlik dünyasında işler daha farklı olabilir. Ve geçmişinde hissettiğin o alarm durumu, şu an geçerli olmayabilir.

Bu tarz konularda değişim kolay değildir. İlk adım olan farkındalık çok önemlidir. Birçok insan bu ve buna benzer durumlarda gösterdiği tepkilerin doğru, diğer insanların tepkilerinin garip ve anlamsız olduğunu düşünür. Kişi eğer kendinde de hata olabileceğini, yanlış yöntemler kullandığını fark ederse, bu bile çok önemli bir değişimdir. Bundan sonraki aşamada, sorunlu durum her ortaya çıktığında kişinin çözüm olarak aklına her zaman eskiden kullandığı yöntem gelecektir. Çünkü yıllardır aynı çözüm yönteminin kullanılması bir refleks haline gelmiş olabilir. Refleks haline gelen yöntemi uygulamadan önce araya bir zaman koyabilmek ve sonrasında alternatif düşünceyi devreye sokarak, sağlıklı olan yöntemi uygulamaya çalışmak gerekir. Bu durumu Nesrin örneğinde şu şekilde uyguladık:

Nesrin için ilk olarak tetikleyici durumu keşfettik. Birisi ne zaman eleştirel, üstten bakan, bazen de ilgisiz tarzda konuşursa, Nesrin gerilmeye başlıyordu. Eskiden bu gerginliğe dayanamıyor ve hemen bir yerde taşıyordu yani öfke patlaması oluyordu. Bizim sürecimizde, ilk amacımız gösterdiği öfke gerçekten çıkması gereken öfke mi yoksa geçmişten getirdiği yanlış çözüm yöntemi olan öfke mi bunu anlamaktı. Bunun için de o ilk gergin anda bunu ayırt etmek mümkün olmadı ve hak etmediği halde kimseyi kırmamak için, araya bir filtre koymaya karar verdik. Bu filtre zaman olacaktı. Fiziksel anlamda çok öfkeli de hissetse, öfkesini ortaya koymayacak, biraz zaman geçtiği zaman hâlâ aynı şekilde hissediyorsa ve düşünüyorsa karşı tarafa durumu ifade edecekti. İşyerinde sağduyusuna güvendiği bir arkadaşından geribildirim alacaktı bu olaylar sonrasında.

Sen de Nesrin gibi bu filtrelemeyi uzun süre yapabilirsen ve araya zaman koyarsan sorunlu çözüm yöntemini refleks halden çıkararak daha mantıklı ve işlevsel tepkiler gösterebilirsin.

Öğrenilmiş İyimserlik

Öğrenilmiş çaresizlik kavramını eminim bugüne kadar birçok kez duymuşsundur. Bu durum, belli durumlar için ortaya konulan çabanın hep başarısızlıkla sonuçlanması durumunda kişinin bu konuda kendisini başarısız kabul etmesidir. Koşullar değişse ve başarının önündeki tüm engeller kalksa bile, eğer insan başarısız olduğunu kabullenmişse artık girişimlerde bulunmayı bırakır. Öğrenilmiş çaresizlik kavramı depresyon sürecini açıklarken sıklıkla kullanılır. Kişi hayatının belli bir döneminde zor zamanlar geçirmiştir. Ancak bu zor zamanlar geçtiğinde insan bir adım attığı anda bile hayatını değiştirecek olsa dahi, önceki zor zamanların etkisiyle kaybedilen kendine inanç sebebiyle girişimde bulunmaz ve depresyon devam eder. Öğrenilmiş çaresizlik kavramını ortaya atan Amerikalı psikolog Martin Seligman, köpeklerle yaptığı deneylerle de öğrenilmiş çaresizlik durumunu gözlemlemiştir. Ben bu bölümde öğrenilmiş çaresizlikten bahsetmeyeceğim. Bu konuda çok fazla yazı ve çalışma bulabilirsin. Benim dikkatimi çeken ve özellikle değersizlik hissedilen durumlarda çok işimize yarayacağını düşündüğüm şey, öğrenilmiş iyimserlik. Martin Seligman, öğrenilmiş çaresizlik çalışmalarından sonra, çaresizlik öğreniliyorsa, iyimserlik de öğrenilebilir mi sorusunun ardına düşerek öğrenilmiş iyimserlik kavramını ortaya koymuştur. Öğrenilmiş iyimserlik zorlu yaşam olayları ile nasıl baş ettiğimiz ve bunun sonucunda nasıl bir sonuç çıkardığımızla ilgili çok değerli şeyler söylüyor. Seligman'a göre, herkes az çok benzer hayatları yaşıyor ancak ondan çıkardığımız yorum, hayattan aldığımız lezzeti belirliyor. Öğrenilmiş iyimserliği hayatımıza üç alanda uygulayabiliriz.

İyimser insanlar, hayatlarının belli bir döneminde yaşadıkları olayların etkilerinin kalıcı olmayacağının farkına varabiliyorlar. Yani hayatının bir döneminde, bir ayrılık acısı, maddi zorluk yaşarken bunun hayat boyu sürmeyeceğini düşünebiliyorlar ve kendilerini buna göre telkin ediyorlar. Ama eğer insan kendisini değersiz görüyorsa, genelde başına gelen olumsuz olaylar karşısında, sanki her zaman bu olayın yarattığı sıkıntıyı yaşayacakmış gibi düşünüp, gerçekten böyle hissediyor.

Halbuki hayatın birçok aşamasında karşımıza çıkan sorunlar belirli bir zaman diliminde gündemimizde olurlar ve sonrasında gitgide önemsizleşirler.

İyimser insanlar, yaşadıkları olumsuz olayı sadece yaşadıkları alanda değerlendirirler. Yani bir sınavdan kötü not aldığı zaman tamamen başarısız olduğunu, ilişkisinde zor zamanlar yaşadığı zaman hiç sevilmediğini düşünmezler. Hayatın bir alanında ortaya çıkan olumsuzluk, diğerlerinin de öyle olduğu anlamına gelmeyeceğini düşünebilmek anahtar kavramdır. Özellikle insan yoğun bir değersizlik duygusu içerisindeyse, sanki benzin dökülmüş gibi minicik bir kıvılcımdan alev alır. Hayatının herhangi bir alanında bir başarısızlık yaşadığında o an hissettiği olumsuz duyguları tıpkı yayılan o alev gibi hayatının geneline, geçmişine ve hatta geleceğine bağlar. İş hayatında kötü giden şeyler olduğu zaman, hemen ilişkisinde de kötü olduğunu, zaten geçmişinde de hiçbir şeyin iyi gitmediğini, böyle giderse gelecekte de işlerin pek parlak görünmediğini düşünmeye başlar. Yani aslında küçük bir olayı hayatın her tarafına genellemeye başlar.

Son olarak, iyimser insanlar yaşadıkları olumsuz olayların oluş sebebini değerlendirirken dış faktörleri merkeze alma, olumlu şeyler olduğu zaman da bunun kaynağını kendisine bağlama eğiliminde olur öğrenilmiş iyimserliğe göre. Bu son madde ilk bakışta, biraz sorumluluğu kendi üzerinden atmak gibi görünse de aslında birçok insanın hayattaki olumsuzlukları dengelemesi konusunda çok işlevsel bir teknik olacaktır. Değersiz hisseden insanlarda sıklıkla karşılaştığım bir düşünce kalıbı var. İyi şeyler yaşadıkları zaman, bunu şansa ve dış faktörlere bağlarken, olumsuz şeyler yaşadıkları zaman sorumluluğun hepsini bütün benliğiyle üstlenebiliyorlar. Böyle olunca doğal olarak onları iyi hissettirmesi gereken olumlu deneyimler, benlik hesabına hiç kaydedilmiyorken, başka birinin ayağını taşa çarpmasından kendine sorumluluk çıkartabiliyorlar ki bu da daha fazla değersiz hissetmelerine neden oluyor.

Sonuç olarak, değersizlik hissediyorsan, yaşadığın olumsuz deneyimler her zaman yaşanacak gibi düşünürsün, belli bir alandaki sorunu hayatının her alanına genellersin ve olumsuzlukları kendine, olumlu gelişmeleri şansa ve dış faktörlere bağlarsın. Ve böyle olunca zaten değersiz hissederken, benlik değerin hiç beslenmediği gibi her seferinde kısır bir döngüye takılıp daha fazla değersiz hissedersin.

Hayat yolunda kötü şeyler yaşarken bu durumların her zaman geçici olduğunu ve bir ömür sürmeyeceğini, bir alanda başarısız olmanın her alanda başarısız olduğun anlamına gelmediğini ve olumsuz şeylerde çevresel faktörleri es geçmemen gerektiğini unutmamalısın. Kendine güzel giden şeylerde en önemli payın senin olduğunu hatırlatmalısın. Böylece benlik değeri hesabında bolca birikimin olacak.

Herkes Kendi Derdini Bilir

Bana gelen danışanlarımın hayatı algılayışlarında sıklıkla gözlemlediğim ortak bir algı hatası var. Birçoğu başına gelen kötü olayların, yaşadığı olumsuz duyguların sadece kendi başına geldiğini düşünüyor. Başımıza gelenleri bu şekilde algılamaya başlayınca şöyle bir tablo çıkıyor ortaya: "Diğer herkes çok mutlu, bir tek ben mutsuzum."

Filmlerde eminim aynalı camın olduğu sorgu odalarına denk gelmişsindir. Aynalı camın mantığı ayna olan taraftan bakanın kendisini görüyor olmasıdır. Ama diğer taraf baktığı zaman içeriyi görebilir. Aslında insanların yüzleri de bir çeşit aynalı camdır. Biz ayna olmayan tarafından dünyaya bakıyoruz ama bize bakanlar içeriyi göremiyorlar. Biz zannediyoruz ki bizim gördüklerimizi, hissettiklerimizi herkes biliyor, hissediyor. Halbuki seni yakından tanıyan az sayıdaki insanın birçoğu seni problemsiz, sıkıntısız, belki de hayatı umursamayan birisi olarak görüyor.

Hatta belki diğer insanlar senin hakkında, ne kadar da mutlu, keşke ben de onun gibi olabilsem diye düşünüyor. İçinde ne yaşadığını bilmiyor, belki de aklının ucundan dahi geçmiyor senin yaşadığın ya da hissettiğin şeyler, o sadece senin dışarı yansıttığını biliyor. İnsanlar birbirine benzer problemler yaşıyor aslında. Birçok insanın ruhunun içine bakma şansı yakalayan birisi olarak bunu söylüyorum sana. Bu konuda bir örnek vermek istiyorum sana:

Murat ve Aysel iki yıllık evlilikleri olan genç bir çiftti. Yaşadıkları geçimsizlik ve iletişim sorunları sebebiyle bana başvurmuşlardı. Bir seansta bir ilişkinin ideal versiyonunun olup olmadığını, evlilikte mutluluğun nasıl olması gerektiğini konuşurken, bu güzel çifte şöyle bir soru sordum: Bana çevrenizde mutlu olduğunu düşündüğünüz bir çifti tarif edebilir misiniz? Aysel heyecanla, ailece sık sık görüştükleri bir çifti anlatmaya başladı. Bu çiftin isimleri Ömer ve Tuğba'ydı. Ömer, Murat'ın liseden bu yana görüştüğü çok samimi arkadaşıydı. İkisi de yakın zamanlarda evlenmiş, eşleri de anlaşınca birlikte sık sık görüşmeye, beraber zaman geçirmeye başlamışlardı. Aysel'in anlattığına göre, ideal bir evlilik diye bir şey varsa bu kesinlikle Ömer ve Tuğba'nın evliliğiydi. Her zaman birbirlerinin gözünün içine bakıyorlardı, neredeyse her an el ele tutuşuyorlardı, Ömer hiçbir özel günü unutmuyor, değerli hediyeler alıyordu.

Ömer, Tuğba'yla çok fazla ilgileniyordu. Her konuda aynı fikirde olup hiçbir konuda tartışma yaşamıyorlardı. Ömer ve Tuğba'nın evlilikleri Aysel'e göre göz kamaştırıcıydı. İlişkilerdeki gerçekçi olmayan beklentileri konuştuğumuz bu seanstan sonra açıkçası sarsılmıştım. Görünüşte normal bir seans gibi görünse de, Murat ve Aysel'in bilmediği bir şey vardı, Ömer ve Tuğba da benden destek alıyordu, hem de neredeyse boşanmanın eşiğindeydiler.

Diğer insanların daha mutlu olduğu konusunda, birçok insan yanılıyor. Farkında olmadan hepimizin günlük hayatta taktığı maskeleri var. Aynalı cam oda örneğinde olduğu gibi, biz içimizde hissettiğimizi diğer herkesin gördüğünü zannediyoruz bazen. Ve diğer insanların da dışarı yansıttıkları gibi bir hayatı olduğunu. Herkes kendi derdiyle meşgul ve diğerlerini dertsiz biliyor. Diğerlerinin de sorunları olduğunu bilmek, sadece senin sorun yaşamadığını, insan olan herkesin hayatında az çok sorunlar olduğunu bilmek sana iyi gelecektir. Böylece kendini değersiz ya da başarısız hissetmenin kısmen önüne geçebilirsin.

Mutsuzluk Virüsü: Kıyaslama

Şu hayatta neye sahip olursan ol, eğer zihnine kıyaslama virüsü girerse sahip olduğun şeyler sana eskisi gibi değerli gelmemeye başlar. Ben bu kıyaslama virüsünü çorbadaki sinek gibi düşünüyorum. Önünde iştahını kabartan çok güzel bir çorba var. Tam büyük bir iştahla içmeye başlayacaksın ki, bir de bakıyorsun çorbanın yüzeyinde minik bir sinek duruyor. İşte o biraz önceki müthiş iştahın yerini bir isteksizlik ve hatta iğrenmeye bırakıyor. Bu çorba hayatın ve sahip oldukların, içine düşen o minik sinek de kıyaslama virüsüdür.

Kenan çok iyi bir işi olan danışanımdı, işiyle alakalı olmayan bir sebepten dolayı bana geliyordu. Ancak bir seansımıza çok öfkeli bir şekilde geldi ve bu seansta sadece işimle ilgili konuşmak istiyorum dedi. Normalde işinden çok memnun olan, işiyle ilgili bir konu açıldığı zaman, böyle bir işte çalıştığı için kendini çok şanslı hissettiğini söyleyen birisiydi Kenan. İşinin kendisini hem maddi hem de manevi olarak çok fazla tatmin ettiğini söylüyordu. Ancak seansta, patronuyla tartıştığını ve işinden istifa etmek istediğini söyledi. Normalde hiç gündeminde olmayan bir şey olduğunu bildiğimden çok şaşırdığımı ifade ettim ve sebebini sordum. Öfkeli bir şekilde aynı işi yaptığı benzer pozisyondaki birisinin maaşının kendi maaşından çok ufak bir miktar fazla olduğunu öğrenmişti. Bu durum onu çok öfkelendirmişti, bu sebeple patronu ile tartışmıştı ve istifa etmeyi düşünüyordu. Aslında bu maaş farklılığını öğrenmeden önce, Kenan aldığı maaştan çok memnundu. Türkiye koşullarında benzer işyerlerine göre çok iyi bir maaş aldığını biliyordu. Diğer arkadaşının kendisinden fazla aldığı rakam kesinlikle önemli bir fark oluşturmuyordu. İşte tam burada, onu düne kadar mutlu eden şeyin artık önemini tamamen yitirmesine sebep olan şey kıyaslama virüsüydü.

Çağımız gösteri çağı. Eskiden insanlar sahip olduğu şeyleri göstermekten, anlatmaktan çekinirlermiş, olur da başka birisinin canı çeker de gücü yetmediği için alamaz ve üzülür diye. Arada eskilere gönderme yapınca, düşünüyorum, ne kadar da naif insanlarımız varmış geçmişte. Yaşar Kemal'in *Demirciler Çarşısı Cinayeti* kitabının başında söylediği gibi, "O iyi insanlar, o güzel atlara bindiler çekip gittiler" sözünü yoğun bir şekilde hissediyor insan bazen. Günümüzde birçok insan yaptıklarını, yediklerini, giydiklerini, ilişkilerini yani neredeyse sahip olduğu her şeyi paylaşıyor. Bir insan, sahip olduğu ya da yaptığı şeyi sosyal medyada paylaşmayınca yapmamış gibi hissediyor artık. Bu sebeple sen paylaşmıyor olsan bile, çevrendeki insanların paylaşımlarına maruz kalıyorsun. Böyle olunca ister istemez hayatını, diğer insanların hayatlarıyla kıyaslamaya başlıyorsun. Diğerlerinin gösterişli bir şekilde sunduğu hayatının yanında sahip olduğun her şey sana sönük gelmeye başlıyor.

Tatile gidiyorsun, doğal olarak her an eğlenceli geçmiyor. Bazen sıkılıyorsun bazen de bir şeye canın sıkılabiliyor. Ama sosyal medyada gördüğün insanlar, bütün yaz boyunca tatillerinin her anını, iyi ayarlanmış havalı pozlarla paylaşıyorlar. Sen onların tatillerini görünce, kendi tatilinin ne kadar da sıkıcı olduğunu düşünüyorsun. Onların gittiği lüks tatillere gidersen, onlar gibi giyinebilirsen onlar gibi eğlenebileceğini düşünüyorsun. Bazen insan tam olarak farkında olmayabilir, ama bu kadar çok gösterişe maruz kalmak yavaş yavaş, kendi etkinliklerini sönük bulmana neden olur.

Filmlerde, dizilerde ve sosyal medyada birçok kadın çok güzel, erkekler çok yakışıklı. İdealize edilmiş ilişkiler yaşıyorlar, görünüşte her şey çok güzel gibi. Kendi ilişkine bakıyorsun, arada sırada tartışmalar yaşıyorsun, vücuduna bakıyorsun, kusurlar var, sosyal medyada gördüklerin gibi değilsin. Bu sefer kendinden memnun olmuyorsun, vücudunun her köşesi sana batmaya başlıyor. İlişkini kıyasladığın zaman, neden onlar gibi mutlu değiliz diyorsun, ilişkin değersiz ve sönük geliyor. Ancak burada gözden kaçırdığın bir nokta var. Özellikle sosyal medya iyi olanın sunulduğu ve paylaşılan her şeyin ince ince düşünülüp işlendiği bir mecra. İnsanların çok büyük bir kısmı, en güzel, en mutlu, en seksi, en yakışıklı, en zengin, hep "en" olduğu fotoğrafları paylaşıyor. Böyle olunca sen onun hayatının enlerini görüyorsun ama bir algı yanılsaması ile sanki o kişinin bütün hayatının öyle olduğunu zannediyorsun. İnsanların çok büyük bir kısmı benzer şekilde mutlu oluyor benzer şekilde sorunlar yaşıyor daha önce bahsettiğim Murat ve Aysel'in hikâyesinde olduğu gibi.

Sosyal medyayı takip ederken şuna dikkat etmeni öneririm: Birisi durmadan çok mutlu olduğunu, çok sevdiğini, çok keyif aldığını söylüyorsa burada bir problem olması muhtemeldir. Şahsen ben o an çok mutlu ya da çok keyif alıyor olsam, bu durumu sosyal medyada paylaşmak aklıma gelmezdi. Bazen insanlar kendi sorunlarıyla tam aksi şekilde ifade ederek baş etme yöntemini seçebiliyorlar. Durmadan birbirine sevgilerini paylaşan aşırı mutlu pozları olan insanların aslında arka planda mutsuzluklarını tolere etme çabaları da ihtimal dahilinde olabilir. Hiç unutmaman gereken bir şey var bu konuda: Sosyal medyada hiçbir şey asla göründüğü gibi değildir.

Bir de çevrende seni kıyaslama tuzağına düşüren insanlar olabilir. Durmadan senin sahip olduklarını sorgulayan, ne aldığını, ne giydiğini, ne yediğini, kaça aldığını soran ve kendi yaptıklarını anlatan insanlar, senin bu konuda kötü hissetmene neden olabilir. Böyle insanlar kendi dünyaları içerisinde, kendi içindeki değersizlik duygusunu tolere etmek için, sahip oldukları şeyin hep diğerlerinin sahip olduklarından daha iyi olmasını istiyor olabilir. Ama sen onların sorgularını ve yorumlarını kendinle ilgili zannedersen, kıyaslama tuzağına düşersin. Bu tarz yorumları, detaylıca cevaplamamak ve karşı tarafın anlatmak istediği şeyler konusunda biraz mesafeli davranmak iyi olabilir.

Her zaman senin sahip olduğun şeylerden daha fazlasına ve daha azına sahip olan insanlar olacak. En dipte ya da en tepede olman bu durumu değiştirmez, her zaman eksik kaldığın şeyler olurken, başkasının hayalinde olan şeyleri yaşadığın durumlar olacak. Burada dikkat etmen gereken, dengede olabilmek. Eğer ki, dikkatini her daim senden yukarıda olanlara çevirirsen, neye sahip olursan ol, değersiz hissedeceksin ve mutsuz olacaksın. Dikkatini senden daha iyi olanlara elbette çevireceksin, bu bazen seni harekete geçirecek motivasyonu da sağlayacaktır. Ancak senden daha geride olan insanları da hatırlaman gerekir. Dengeli bir şekilde iki tarafı da gözlemlersen, olduğun yerin de tadını çıkartırsın, olmak istediğin yere ulaşma konusunda da yıpranmadan motive olursun.

Kişiliğinin Kaynak Kodunu Keşfet

Kendine hayatta birçok şeyi bilerek ve bilinçli yapıyorum diyorsun, ancak birçok kararının senin kontrolünde olmadığını bilmelisin. Sen aksini zannetsen de, eş seçiminden iş seçimine, satın alacağın ürünlerden günlük alışkanlıklarına kadar verdiğin kararlarda birçok şey senin kontrolün dışında. Genetik yatkınlıklarımız, aile yapımız, mizacımız, içinde bulunduğumuz sosyokültürel yapının özellikleri ve geçmiş deneyimlerimiz neticesinde hayata ilişkin temel kurallar oluşuyor zihnimizde. Aslında beynimizin oluşturduğu kısa yollar gibi bu temel kurallar. Hayatın boyunca alman gereken birçok küçük ya da büyük kararda sen farkında olmasan da beynin kendini daha az yormak için bu kısa yolları kullanıyor, işte bu kısa yollar, kişiliğinin kaynak kodunu oluşturuyor.

Hayat düz bir çizgi değil. Hayatın akışı içerisinde birçok aksilik ve kriz bizi bekliyor. Başarısızlıklar, hayal kırıklıkları, ayrılıklar, kayıplar gibi. Bu tür durumların sonrasında da aslında bizim çoğunlukla farkında olmadığımız zihinsel kısa yollar devreye girebiliyor. Kaygı ve gerginlik anlarında genelde sonradan geliştirdiğimiz düşüncelerle değil, refleks haline gelmiş kısa yollarla harekete geçer ve karar alırız. Bu kısa yollar refleks halinde ortaya çıkar ve gerçekliği sorgulanmadan tamamen kabul edilmiş düşünceler gibidir. Ateşin yaktığını, suyun ıslattığını sorgulamazsın, ona göre hareket edersin. Zihnindeki bu kısa yollar yaşadığın olayları yorumlarken taktığın bir gözlüğün camı gibidir. Camın rengine göre olayları farklı değerlendirirsin. Eğer cam koyu renkliyse karanlık, açıksa aydınlık görürsün. Bu kısa yollardan oluşan düşünceler sağlıklı ve mantıklı olabileceği gibi senin hayat krizlerini atlatamamana ya da çok daha ağır yaşamana sebep olabilir.

Zihninin bu kısa yollarını doğal olarak kabul etmeyip sorgulaman gerekir. Çünkü eğer bu düşünce kalıpları zararlıysa biraz önce söylediğim gibi basit yaşam olayları bile seni ağır yaralayabilir. Hayatının dört alanında, zihnindeki bu kısa yolları keşfetmek için minik bir çalışma yapalım seninle.

İlk olarak diğer insanlarla ilişkine bir odaklanalım:

1. İnsan ilişkilerinde tartışmasız kabul ettiğin ve sorgulamadığın temel kurallar var mı?

2. İnsanlarla ilişkini belirleyen, problemli anlarda tepkilerini biçimlendiren kuralların neler?

3. Bir arkadaşın hoşuna gitmeyen bir şey yaptığı zaman nasıl tepki verirsin?

4. Birisi seni kullanmaya çalışırsa ne yaparsın?

Bunun gibi sorularla, diğer insanlarla olan ilişkilerine dair genel kurallarını ve kısa yollarını keşfedebilirsin. Benim karşılaştığım kısa yollara örnek vermek gerekirse, sen iyi olursan herkes iyi olur, insanlarla aramın iyi olması için onları reddetmemeliyim, insanlara yakınlaşırsam bana zarar verirler, birisi beni öfkelendirirse sorunumu konuşmak yerine ona küserim gibi. Eğer bu örneklerdeki gibi düşünüyorsan hayat senin için daha zor olacaktır. Birçok insan bu kısa yolların hayatın gerçekliği olduğunu düşünür ancak bunlar en başta söylediğim şekilde kısa yollardır sadece. Eğer sana zarar veriyorsa bunları keşfetmen ve değiştirmen gerekir. Bu soruları cevaplarken bir kâğıda not alırsan senin için daha verimli olacaktır.

Gelelim hayatta karşılaştığın engellere. Hepimizin hayatında bir duvara toslamışlığı, ne kadar çabalasa da başaramadığı şeyler olmuştur. Böyle zamanlar için kullandığın kısa yolları keşfetmek adına şu soruları kullanabilirsin:

1. Başarısız olduğun zaman nasıl hissedersin, nasıl davranırsın?
2. Bir görevi yapmakta zorlandığın zaman neler hissedersin?
3. Tek başına altından kalkamayacağın bir konuda nasıl çözüm yolları bulursun?
4. Çevrende birisi hata yaptığı zaman ona nasıl davranırsın?

Sen de hayattaki engeller konusundaki kısa yollarını bulmak için kendi sorularını kullanabilirsin. Benim bu konuda karşılaştığım kısa yollara örnek vermek gerekirse: Başarısız olursam bu benim kötü birisi olduğumu gösterir, hiçbir zaman hata yapmamalıyım, hata yapan insanlara kötü davranırım çünkü bu onların özensiz olduğunu gösterir, her şeye gücüm yeter, eğer yetmiyorsa bende bir sorun vardır gibi cümleleri sıralayabilirim.

Peki yaşamdaki adalet hakkındaki kısa yolların nelerdir? Sana haksızlık yapıldığı zaman nasıl hissedersin? Haksızlığa uğradığında tepkin ne olur? Birisi senin hakkın olan bir şeyi senden aldığı zaman nasıl bir çözüm yöntemi kullanırsın? Benim bu konuda karşılaştığım kısa yollara örnek vermek gerekirse: Sen iyi olursan herkes iyi olur, kötü bir şey yaşıyorsan kötü bir şey yapmış olabilirsin, birisi bana zarar verirse ben ona fazlasıyla zarar veririm, birisi benim hakkım olanı elimden alırsa bir şey yapmam, belki de ona gerçekten ihtiyacı vardır.

Kendini fiziksel ve psikolojik olarak algılayışının arkasındaki kısa yollar neler olabilir? Kendi fiziksel görünümünü nasıl buluyorsun? Fiziksel görünümün sana zarar veriyor olabilir mi? Akıllı biri misin kendine göre? Kendi kişiliğini, hayata karşı verdiğin tepkileri nasıl buluyorsun? Kendini tembel mi çalışkan mı görüyorsun? Kendin hakkındaki kısa yollarını keşfetmek için, sanki başka birinden bahsediyormuş gibi bir "hakkında" yazısı yazabilirsin: Beyhan şunları yapar, kendisi hakkında şöyle düşünür, hayattaki duruşu şu şekildedir gibi. Benim karşılaştığım kısa yollara örnek vermek gerekirse: Zaten aptalın tekisin boşuna uğraşma, kim seni beğenir ki, her zaman en iyisi olmak zorundasın, insanlar seni asla bakımsız görmemeli, her zaman güçlü görünmelisin.

Bu sorulara cevap verirken biraz zorlanacaksın. Çünkü aslında senden istediğim şey şu, yıllardır yaşadığın evde kullandığın bazı eşyaların sana zarar verdiğini söylüyorum. Ama sen bu eşyalara o kadar alışmışsın ki, hepsi sanki hayatının en başından bu yana var gibiler. O yüzden acaba hangisi gerçekten bana zarar veriyor diye tek tek kontrol etmen gerekecek. Bazen böyle kontroller yaparken, çevrende sağduyusuna ve iyi niyetine güvendiğin insanlardan da geribildirim alabilirsin. Kişiliğinin kaynak kodunu keşfetmeye çalışırken amacın ilk etapta sadece fark etmek olmalı. Her keşfettiğin kısa yol zararlı değildir kesinlikle. Çünkü beynimizin karmaşık bir dünyayı kolayca anlamlandırabilmesi için kısa yollara ihtiyacı vardır. Senin dikkat etmen gerekenler, sana zarar verenler. Bu kısa yollar uzun yıllardır orada olduğu ve sık sık kullanıldıkları için değiştirmek zamanını alacak. Sadece onların hayatın gerçeği olmadığını bilmen bile yeterli.

Kullandığın Kelimeler Dünyanı Şekillendirir

Sen de herkes gibi hem kendi içinde hem de çevrendeki insanlarla durmadan konuşuyorsun. Peki bu konuşmaların içeriği nasıl? Neler konuştuğunu değil, konuşmanın temasını merak ediyorum. Konuşurken çok şikâyet mi ediyorsun, hep kendi dertlerinden mi bahsediyorsun, diğer insanları mı çekiştiriyorsun, eleştiri memuru musun ya da ne kadar şanssız olduğunu mu tekrarlayıp duruyorsun? Ya da güzel olaylardan, güzel insanlardan mı bahsediyorsun, güzel işler yapan insanları takdir mi ediyorsun? Aslında rasgele ve birbirinden bağımsız konular hakkında konuşuyormuş gibi hissetsen de, genelde birçok insan belirli bir temada konuşur. Olumsuzlukları gören ve vurgulayanları, devamlı şikâyet edenleri, çok fazla dedikodu yapanları, herkesi eleştirenleri benim sık karşılaştığım temalara örnek olarak gösterebilirim.

Sıklıkla konuştuğumuz konuların temaları, bir çeşit gizli telkin etkisi yaptığı için çok önemli. Neyi konuşuyorsan, farkında olmadan durmadan kendine onu telkin ediyor olursun. Telkin çok sıklıkla yapıldığı zaman insanları önemli derecede etkiler. Ve telkine karşı en savunmasız olduğumuz an farkında olmadığımız anlardır. Eğer ki devamlı olarak hep olumsuz şeylerden bahsediyorsan, ruhunun her boşluğunu olumsuz şeyler doldurmaya başlar. Ağzından çıkanlar olumsuz olunca, kulağının duyduğu da olumsuz olur. Böyle olunca algıda seçicilik yaparak, hayattaki ve insanlardaki olumsuzlukları fark edersin hep. Ve dünyan yavaş yavaş dönüşür.

Dünyayı tozpembe görmeyi önermiyorum kesinlikle. Dünyada hem iyi şeyler hem de kötü şeyler var. İnanılmaz iyi insanlarla birlikte akla hayale gelmeyecek kadar kötü şeyler yapma potansiyeline sahip olan insanlar da var. Her zaman iyi hissetmeyeceğini ve bunun doğal olduğunu daha önce de birkaç sefer söyledim. Dünyanın iyi ya da kötü olması, bazen iyi ya da kötü hissetmek senin elinde olmayabilir ancak ne konuştuğunu seçmek senin elindedir. Eğer ki, hep olumsuzlukları ifade ediyorsan, her şey öyleymiş gibi görünmeye başlar. Yani kullandığın kelimeler bir süre sonra dünyanı şekillendirmeye başlar.

Ben kendi adıma bazen şikâyet orucu tutuyorum. Günlük hayatın karmaşası içinde, bir bakmışım ki, her şeyden şikâyet eder halde bulmuşum kendimi. İnsanların duyarsızlığından, trafikten, adaletsizlikten ve daha pek çok şeyden. Ama çoğu zaman şikâyet işlevsel değildir ve sadece insana daha kötü hissettirir. Bunu çok uzun zamandır deneyimlediğim için, şikâyet moduna kaptırmışsam, 15 günlük şikâyet oruçları yapıyorum. Dilimin ucuna bile gelse söyleyeceklerimi, söylesem bir işe yarar mı diye filtreleyip, eğer işe yaramayacağına ve kuru şikâyet olduğuna kanaat getirirsem dile getirmemeye gayret ediyorum. Sen de bunu kendi hayatında hem şikâyet için, hem de dedikodu, eleştirel olma gibi konularda uygulayabilirsin.

Dilinde azalan kötü şeylerin gönlünde de daha az yer kapladığını fark edeceksin.

İçinde Konuşan Ejderhayı Fark Etmek

Aslında hepimiz iki kişi gibiyiz kendi içimizde. Bir tarafımız sağlıklı yönümüzü temsil ederken diğer yanımız da geçmişten getirdiğimiz karanlık yanlarımızı temsil ediyor. Eğer içinde konuşup duran seslere kulak verirsen bu seslerin bazılarının sağlıklı taraftan bazılarının ise karanlık taraftan geldiğini fark edebilirsin. Sağlıklı olan taraf seni onarmaya, cesaretlendirmeye ve iyi hissettirmeye çalışırken, karanlık tarafından gelen o ses, sana hep kötü yanlarını, başarısızlıklarını hatırlatır ve sabote etmeye çalışır. İçinin karanlık tarafından gelen bu sesin sahibini bir ejderhaya benzetmek istiyorum. Bu ejderhayı kendi dostun olarak kabul ettiğin zaman, onun söylediklerini yapmaya çalışırsın, bazen ona karşı koyacak olduğun anlar olur. Ama o zaman ejderhanın ağzından çıkan alevleri görüp yine onun sesini dinlemeye başlarsın. Ve sen onu dinledikçe ejderha minik halinden kocaman, korkunç bir noktaya evrilir.

Bu ejderhanın kaynağı, geçmişimizdeki kişiler ve deneyimlerimizdir. Seni durmadan eleştiren, kötü davranan, ihtiyaçlarını karşılamayan ebeveynlerin, yaşadığın küçük ya da büyük travmalar bu ejderhanın ilk tohumlarını atar. Annen ya da baban değişse, hatalarını kabul etse bile, zamanında onların söyledikleri olumsuz şeyleri, içindeki ejderha durmadan sana tekrarlar. Bu ejderha dışarıdan gelen olumsuzlukları kendi içinde klonlar ve o olumsuzluklar geçse bile sana söylemeye devam eder.

Ejderhanın sana söylediği şeyler şunlar olabilir: Neyi başardın ki, kimse seni sevmiyor, başaramayacaksın, otur oturduğun yerde, tek başına yapamazsın, yalnız kalamazsın, çok aptalsın, çok çirkinsin, yetersiz birisin, herkes sana bakıyor, herkes senin hatalarını takip ediyor, hiç hata yapmamalısın, sen suçlusun, kötü bir şey olmuşsa senin yüzünden olmuştur, birisi seni sevmiyorsa senin hatandır, kendini feda etmezsen terk edilirsin, kimseyi reddetmemelisin, kendine hâkim olamıyorsun, herkes seninle dalga geçecek... Buna benzer yüzlerce şey sayabilirim. Yıllardır yolumun kesiştiği danışanların içindeki ejderhaların sık kullandığı repliklerden birkaçı bunlar. Peki senin içindeki ejderha neler söylüyor?

Çoğu insan içinde bir ejderha olduğunun farkına varmaz. İçinden gelen her sesi; iyi ya da kötü, fark etmeksizin tek bir kaynaktan geldiğini varsayar ve doğru kabul eder. Sana dost olduğunu ve senin iyiliğini düşündüğün bir sesi en içten duygularınla has dairene alırsın ancak sonuç sana daha da kötü hissettirir. Özellikle yol ayrımlarında, daha ileri ve iyi noktalara gelmeye çalıştığın zamanlarda, ejderhanın sesi daha çok çıkar. Bir iş başvurusuna gideceksin, bir girişim başlatacaksın, sevdiğin insana açılacaksın, sana zarar veren bir durumdan kurtulmaya çalışacaksın, bir sunum yapacaksın, bir kitap yazacaksın diyelim; böyle durumlarda ejderha ortaya çıkar ve konuşmaya başlar, bazen direkt olarak kötü konuşur senin hakkında, bazen de aslında iyiliğini düşünüyormuş gibi yaklaşır.

Daha önce zehirli insanları anlatırken anlattığım gibi, içindeki bu zehirli canavarı da tamamen susturman ya da yok etmen mümkün değil. Belirli ölçülerde bu ejderhanın konuşması senin için dengeleyici bir unsur olarak da hizmet eder. Ama kontrolden çıktığı anda seni sabote etmeye başlar. İlk olarak bu ejderhanın geçmişinden getirdiğin olumsuzlukları, seni sabote etmek için kullandığını bilmelisin. Bu ejderha bazı durumlarda sana doğru uyarılar da verir. Ancak arada doğru söylüyor olması her zaman doğruyu söylediği anlamına gelmez. İçindeki eleştirel ve olumsuz sesi, ejderha benzetmesiyle etiketlersen daha sağlıklı karar verebilirsin. Ben içimdeki iflah olmaz eleştirel ses konuşmaya başladığı zaman, kendi kendime yine geldi bizim ejderha derim. Böylece konuşan eleştirel sesin bana ait olmadığını ve beni sabote etmeye çalışacağını her zaman akılda tutarım. Sen de böyle bir etiketleme yaparsan, içindeki sağlıklı olan sesle karanlık sesi birbirinden ayırabilirsin.

İçindeki ejderhaya karşı koymaya çalıştığın zaman, ejderha sesini yükseltebilir ve ağzından alevleri görünebilir. Böyle durumlarda tedirgin olman normal, işin daha kötü noktalara gidebileceği konusunda endişeleniyor olabilirsin. Bu endişe, ejderhanın sözünden çıkmamana neden oluyorsa, senin bu uyumlu halin onu daha da güçlendirecektir. Ara sıra onun hırlamalarına ve ateşlerine rağmen, içindeki sağlıklı sesi dinleyip kendini iyi olana doğru zorlamalısın. Evet bu ilerleme esnasında onun çıkardığı seslerden rahatsız olacaksın ama buna rağmen devam etmelisin. Ejderhayı güçsüzleştirmenin tek yolu bu.

5. BÖLÜM

Tünelin Ucundaki Işık: Değişim Anahtarı

Neden Kendimi Değiştiremiyorum?

Neredeyse her insanın kendisinde değiştirmek istediği en az bir özelliği vardır. Bu değişim çabalarının bir kısmı başarıya ulaşabilirken bazı çabalar da sonuçsuz kalır. Art arda sonuçsuz kalan değişim çabaları kişinin kendisine yönelik inançsızlık ve umutsuzluk durumlarını ortaya çıkarabilir. Belki bugüne kadar sen de birçok konuda kendini değiştirmeye çalıştın ama başarısız oldun ve en sonunda kendi kendine, ben değişemiyorum, ben hiçbir şeyi başaramıyorum gibi umutsuzluk cümleleri kurdun. Peki neden başarısız oldun? Kendini suçlamak yerine, nerede hata yapmış olabileceğini konuşalım istersen.

Değişim konusunda yapılan en büyük hatalar genelde değişimin boyutuyla ilgili oluyor. Eski Amerikan usulü kişisel gelişim kitaplarında ve videolarında, değişim konusunda isteğin yeterli olduğu, yeterince isteyen herkesin istediği her değişimi başarabileceği söylenir. Bu tarz içerikleri takip etmek, insana o an için çok iyi hissettirir. Çünkü istediğin şeyi başarabileceğini düşünürsün, gücünün sınırlarının olmadığını hayal edersin. Ve bambaşka bir insan olmaya niyetlenirsin. Ancak bu tür içeriklere maruz kaldıktan kısa bir süre sonra, yine her şey eski haline döner. İlk başta gaza gelen sen, sonrasında hızlıca hayal kırıklığı noktasına gelirsin.

Bu "istersen yapabileceğine yönelik inanç" bazen zararlı olabiliyor. Böyle bir içeriği gördüğün zaman mutlu oluyorsun: İstersem yapabilirim, ama şu an yeterince istemiyorum. Sonra isteyince yaparım. Ne oluyor böylece? Kişi sanki yapmış gibi bir duygusal haz yaşıyor ve gerçekten değişim işine kalkışma konusunda isteksizlik ortaya çıkıyor. Makul ölçülerde değişim vaat eden içeriklerle karşılaştığın zaman birkaç gün içinde harekete geçmezsen her şey aynı şekilde devam edecek. Ve böyle motive eden içeriklerin her seferinde senin üzerindeki etkisi gitgide azalacak.

Her şeyi başaramazsın, her istediğini yapamazsın. İnsani özelliklerin maalesef buna müsait değil. Eğer ki her istediğini yapacağını düşünüyorsan seni kocaman bir hayal kırıklığı bekliyor. Geçmişten getirdiklerin, genetik özelliklerin, fiziksel yapın, mizacın, zihinsel kapasiten; hepsi senin potansiyelini belirler. Daha önce de söylediğim gibi, her şeyi çok iyi yapamazsın ancak emin ol, çok iyi yapabileceğin en az bir tane şey vardır. Eğer amacın kısa süreli gaza gelip, coşkun halde hissetmekse buna bir şey diyemem. Ama gerçekten bir şeyleri değiştirmek istiyorsan, değiştirebileceğin noktalarla başlamak her zaman çok daha işlevseldir.

Değişim konusunda sık yapılan hatalardan biri de, değişimin gerçekleşeceği süre ile ilgili beklentidir. Her şeyin çok hızla gerçekleştiği günümüzde, sabır unutulan erdemlerden biri. Ama insanın kendisini değiştirmesi ile ilgili dikkat edilmesi gereken şeyler var bu konuyla ilgili. Bugün olduğun kişiyi oluşturan şey alışkanlıklarındır. Küçük ve büyük her konuda binlerce alışkanlık parçası seni ve kişiliğini oluşturur. Ve bu alışkanlıklar yıllar içinde oluşmuştur. Bugün diyelim ki 29 yaşındasın. Alışkanlıklarının oluşum süreci de 29 yıllıktır. Ve sen 29 yılda oluşmuş bazı şeyleri çok kısa sürede değiştirebileceğini düşünüyorsan yanılıyorsun. Bir şeylere hızlı ve çok yüksek tempoda başlıyor olmak coşkunluğu sanki her şeyi çok kısa sürede değiştirebilecekmişsin gibi bir yanılgı oluşturur. Ama 29 yılın oluşturduğu sistem, kendi içinde bir denge oluşturmuştur. Sen bu dengeye ne kadar hızlı yüklenirsen o kadar çok dirençle karşılaşırsın. Alışkanlıkların değişimi, yavaş yavaş olabilir. Küçük şeylerle başlarsın ve sürekli yaparsın. Eski alışkanlıkların seni arada bir geri çeker, eski haline tekrar yaklaşmaya başlarsın.

Değişim süreci neredeyse her zaman iki adım ileri bir adım geridir. Değiştirmek istediğin şey konusunda kendini zorladığın zaman, iki adım ileriye gidersin ama yılların birikmiş alışkanlıkları seni arada bir geri çeker. Sen kendini, kendi içinden kontrol ettiğin için sanki hep eski haline dönüyormuşsun ve hiç değişmiyormuşsun gibi gelir. Değişim çabalarına istikrarlı bir şekilde devam ediyorsan, arada gerilemeler olsa da, toplamda hep ilerlemiş olursun. Bu kısa noktalı gerilemelerde, çabalarını hiç bırakmamalısın.

İnsanın kendine zarar veren duygusal alışkanlıklarını değiştirme çabası tam olarak buna benziyor. Ben bu süreci kas geliştirmeye benzetiyorum. Kendine iyi davranma noktasında yıllardır oluşturduğun yanlış düşünceler, davranışlar ve alışkanlıklar var. Sen kendini değiştirme yoluna çıktığında ilk başta zorlanacaksın ve bazen ümitsizliğe kapılacaksın, kapılma. Herkes benzer bir yoldan geçiyor. Bazen sadece fark etmek bile inanılmaz değişimlere vesile oluyor. İlk başta bebek adımları ile başlayacaksın sonra biraz biraz hızlanacaksın. Burada anahtar şey daima sürdürülen istikrardır. Ne olursa olsun, değişim çabana devam etmelisin.

Değişimin anahtarı küçük adımlarla yola çıkmaktır. *Büyük hedeflere ancak küçük adımlarla ulaşabilirsin.* Bir hedefe ulaşma yolunda, gaza gelmek en büyük düşmanındır. Çok büyük adımlarla çıktığın yolda çok çabuk yorulursun ve çabuk vazgeçersin. Gaza gelmek sürdürülebilir değildir. Çünkü ilk başta ortaya koyduğun mücadele ruhu, yavaş yavaş azalacaktır. İnsan mizacı, hızlı değişimlere karşı çok fazla direnç gösterir. Değişim için küçük ama istikrarlı adımlar çok işlevseldir.

Bu kitapta ilk amacım en başta da söylediğim gibi, senin bir zamanlar bildiğin ama unuttuğun şeyleri hatırlatmak. Sana zarar veren şeylerin farkına varmanı sağlamak. Bütün kitaplar, konuşmalar sadece sana farkındalık sağlar ve yolu gösterir. Bak orada güzel bir köy var, gidersen buradakinden daha rahat edebilirsin. Ama bu köye gidiş yolu birazcık zahmet istiyor. Denemek istersen yol burada, köy orada. Yola çıkmazsan her şey lafta kalır. Sorumluluğu alacak ve yola çıkacak olan başka birisi değil, sensin.

Bir insan tamamen değişebilir mi? Bence hayır. Ama zarar veren kritik şeyleri kontrol edebilir ve böylece daha az zarar görebilirsin. Tamamen zarar görmediğin, duygusal olarak bile olsa pamuklar içinde geçen bir ömür yok maalesef. Ve kendime sıklıkla hatırlattığım bir şey var: *Değişim ömür boyudur, sen hayata elveda deyince son bulur.* Hayat yolunda sen çabalarsın, bir şeyler değişir ya da değişmez. Mücadeleden başka çare yoktur, çünkü hayat çaba ve mücadele üzerinedir.

Değişim İçin Geçmen Gereken Gerilim Köprüsü

Sana zarar veren özelliklerinden kurtulmak ve kendini olumlu yönde geliştirmek için geçmen gereken bir köprü var. Bunu bir örnekle açıklamak istiyorum:

Diyelim ki, küçük bir köyde yaşıyorsun. Bu köy bir mahrumiyet bölgesinde, su köye uzakta, elektrik yok, bazen de temel ihtiyaçlara bile ulaşmakta zorlanıyorsun. Uzun kış akşamlarında köyü vahşi hayvanlar ziyaret edebiliyor. Ve sen bu durumdan tedirginsin. İlk aşamada bu köyden başka yerlerde daha konforlu ve güvenilir bir hayatın olduğunu öğrenmen lazım. Sonraki aşamada ise, uzun yıllardır hep ne kadar tehlikeli olduğu anlatılan köprüden geçmen gerekiyor. Bu köprü öyle bir köprü ki, efsanelere göre, yıkılması mümkün değil ancak kim köprünün üstüne çıkarsa çıksın onun verdiği gerilim hissine dayanamıyor ve geri dönüyormuş. Bugüne kadar çok az insan köprünün üstünden geçebilmiş. Ancak bu köprüyü geçen insanların huzurlu hayatı da köyde efsane gibi anlatılıyormuş.

Senin içinde bulunduğun köyden daha iyi yerlere gidebilmen için bu köprüden geçmen gerekiyor. Yola çıkmaya niyetlendiğin zaman, köprü uzaktan sislerin arasında ürkütücü bir şekilde kendini belli ediyor. Ama bir şekilde o köprüyü geçmen şart. Bu örnekteki, mahrumiyet bölgesindeki köy, sana zarar veren yaşantını temsil ediyor. Gerilimli köprü, kendini değiştirme yoluna çıktığın zaman kendini değiştirme sürecindeki gergin hissettiğin anları, köprünün ötesi ise kendini olumlu anlamda değiştirdiğin zaman ulaşacağın yeri temsil ediyor.

Sahip olduğun sana zarar veren alışkanlıkları değiştirmeye çalıştığın zaman, kendini çok gergin ve güvensiz hissettiğin bir an yaşarsın. Bu gerilimli an, bir an önce alıştığın yerlere dönmeni ve hayatına eski şekliyle devam etmeni telkin eder sana. Ama bu gerilimli anla baş etmeyi öğrenemezsen, her zaman eski haline tekrar dönersin. Diyelim ki bir bağımlılığın var; bu herhangi bir madde ya da insan olabilir. Bu bağımlılığından kurtulmak için bağımlı olduğun şeyden uzak kalmaya çalışınca, çok yoğun bir şekilde yoksunluk çekersin. Yoksunluk çektiğin anda sana en mantıklı çözüm yolu bağımlı olduğun şeye tekrar başlamak ve o eski rahatına kavuşmak gibi gelir. Ama eğer bağımlılığından kurtulmak istiyorsan, yoksunluğun verdiği gerilime dayanmak zorundasındır. Yoksunluğun ortaya çıkardığı gerilim ilk başta çok yoğundur. Sen bu yoğunluğu yaşayınca, sanki hep aynı seviyede bu hislere maruz kalacakmış gibi hissedersin ama her geçen günle beraber gerilim hissi azalır ve çok daha kolay baş edersin bu gerilimle.

Sana zarar veren hangi alışkanlığa, düşünce kalıbına ya da bağımlılığa karşı savaşırsan savaş her zaman gerilim köprüsünden geçmek zorunda kalacaksın. Gerilim köprüsünün bir özelliği vardı, unutmaman gereken: Oradayken çok gerilirsin ve hemen eski haline dönmek istersin ama yaşadığın şey sadece bir yanılsamadır. Eğer sabreder ve direnirsen gerilim azalacaktır ve sen rahatça karşı tarafa geçebileceksindir.

Kullanmadığın Güçlerin Sana Zarar Verir

Her insan kendisine değer verir. Değersizlik bölümünde her insanın içinde az ya da çok bir değersizlik duygusu olduğundan bahsetmiştim. Aynı zamanda, az ya da çok her insanın içinde kendisine verdiği değer, yetenekli ve güçlü olduğunu düşündüğü alanlar vardır. Eğer bir insan kendisine hiç değer vermiyor olsaydı ortaya ciddi ruh sağlığı problemleri çıkardı. Yani sen kendini ne kadar değersiz hissetsen de aynı zamanda güçlü olduğunu düşündüğün alanların da var. Ve bu yeteneklere ve güçlere dayanarak gerçekleştirmek istediğin hayallerin var.

Senin bireysel anlamda hissettiğin değerden başka, gerçekten objektif olarak yeteneklerin ve sahip olduğun bir zekâ vardır. Eğer ki sen bu sahip olduğun özelliklerin farkındaysan ve bunları kullanmıyorsan, bir süre sonra kullanmadığın bu değerli özellikler sana yük olmaya başlar. Bu durumu sana bir örnekle açıklamak istiyorum. Sen bu satırları okuduğun zaman diliminden tam bir ay önce, seni aramışım ve sana bir milyon lira ödül kazandığını, tam bir ay sonra, yani senin bu satırları okuduğun günün sabahı gelip ödülünü almanı söylemişim varsayalım. Ve sen bu ödül haberini alınca o kadar çok seviniyorsun ki o parayla neler yapabileceğine ilişkin bir sürü hayal kuruyorsun. Aradan zaman geçiyor ve sen bu satırları okurken, sabah alman gereken ödülü unuttuğunu fark ediyorsun ve beni arıyorsun. Ben de sana süre geçtiği için bu hakkını kaybettiğini söylüyorum.

Aslında senden kaynaklanan çok basit bir sebepten dolayı bu parayı alamasaydın nasıl hissederdin? Muhtemelen, hakkın olduğu halde alamadığın bir şey olduğu için içinde inanılmaz bir pişmanlık, burukluk ve istesem yapabilirdim hissiyatı. Bu üç duygu da taşınması çok zor duygulardır. Çünkü hep o ses yankılanır içinde: İstesem yapabilirdim...

Sahip olduğun yetenek ve güçler de kullanman için sana verilmiş birer hediye değil midir? Ve biraz önceki örnekte olduğu gibi sana verilen hediyeyi kullanmayı unutursan nasıl hissedeceksin? Her geçen günle beraber içinde farkında olduğun değerler sana ağır gelmeye başlayacak. Kendi içinden, bunları kullansaydım hayatım daha farklı olacaktı diye tekrarlayacaksın. Şu anda olduğum yerden, işten, imkânlardan çok daha iyisini hak ediyorum diyerek, içinde bulunduğun koşullardan dolayı hep rahatsızlık hissedeceksin.

Yolun başında, içindeki gücün farkında olduğun zamanlarda bir rahatlık hissedersin. Nasıl olsa yaparım, kaçmıyor ya dersin. Kişisel konforunun içine gömülüp, harekete geçmeyeceksin. Sonra bir bakacaksın hayat akıp gitmiş, bir sürü güzel şeyi, sen içindeki gücü kullanmadığın için kaçırmışsın. Oysa uğraşmış olsaydın daha farklısını yapabileceğini de içten içe biliyorsun. Çevrendeki insanlar, kendi potansiyellerini kullanıyor ve bir yerlere geliyor. Sen onların kendi güçlerini kullandıklarını görünce, ilk başta kendine öfkeleniyorsun sonra da onlara. Ve içinde bir yerlerde çok rahatsız edici bir duygu beliriyor: Kıskançlık. Ruhuna bu virüsler bulaştıktan sonra, içinde bir yerlerde hep bir huzursuzluk dolanıyor. Aslında daha iyisini yapabilirdim ya da ben bundan daha iyisini hak ediyordum serzenişleri.

Hiçbir zaman geç değil, ne zaman başlarsan, neresinden tutarsan ve ne kadar yapabilirsen hiç fark etmez. Sen yeter ki bir adım at. Kazandığın şey minicik bir şey bile olsa farkı hissedeceksin. Kitap sürecinde ben anlattıkça az çok benim hakkımda bir fikrin olmuştur diye düşünüyorum. Benim hayata bakışım süreç odaklıdır. Sen hakkını vererek yaşa, gerisi kendiliğinden gelir.

Diyelim ki, mücadele ettin ama yine de olmadı. Hiç sorun değil. Her zaman asıl olan mücadeledir. O zaman kabullenme kapısı açılacaktır sana. Ben uğraştım ama olmadı, elimden gelmedi de diyebilirsin. Harekete geçmeden önce sana yük olan şey pişmanlık ve elinden gelebileceği halde yeterince uğraşmadığın için yapamadığın duygusuydu. Ama sen uğraşırsan ve olmazsa, üzülsen bile, bu seni bir ömür rahatsız etmeyecektir.

Çok zeki ve çok yetenekli olabilirsin. Çok güzel fikirlerin de olabilir. Ancak bunlar için çalışmadığın zaman, bunlara sahip olmayanlarla hiçbir farkın olmayacak.

Hırs Ruhunu Yorar, Azim Seni Geliştirir

Çoğu zaman hırs ve azim birbirine karıştırılır. Benim kişisel gözlemlerime göre hırs, insanın içindeki ruhsal boşluğu, tedirginliği, değersizliği başarıyla kapatma çabası iken, azim var olanı daha da iyi hale getirme noktasında istikrarlı bir çabadır. Hırs diğerlerini gözetmez, o kadar susamışsındır ki, sanki su içmezsen ölecek gibisindir, bu sebeple kimseyi gözün görmez ve suyunu kimseyle paylaşmak istemezsin. Azimli olan kişi de susamıştır ama ölümüne bir susuzluk çekmez. Bu sebeple hem kendini doyurur hem de ihtiyacı olan başka birisi varsa suyunu onunla da paylaşır. Hırslı insan sonuç odaklıdır, azimli ise sonuçlara da bakar ama sürecin de tadını çıkarır.

Hırs doymak bilmeyen bir güdüdür, kazandığın anda yenisini istemeye başlarsın. Ve bir önceki aşamada tutkuyla peşinden koştuğun şey artık senin için önemini yitirmeye başlar. Bunun sebebi, hırsın aslında o an odağında olan şeyin değil içsel boşluğun doldurulmasını amaçlamasıdır. Burada kendi geçmişimden bir örnek vermek istiyorum.

Rahmetli dedem 1900'lü yılların başında doğmuş. Küçük yaşlarda hem annesi hem de babasını kaybetmiş. Ablası ile birlikte köy ortamında yapayalnız kalmışlar. Eski zamanlarda köy ortamlarında yalnızlık ve tek başına olmak büyük bir zayıflıkmış. Sizden güçlü olan insanlar, elinizdekini alabilir, size ciddi baskılar uygulayabilirlermiş. Dedemin de kendine miras olarak kalan topraklarının büyük bir kısmını bu gençlik zamanlarında, bu sebeple kaybettiğini anlatırdı babam. Başkalarına sığıntı olmak zorunda kalan dedem, zorlu bir gençlik dönemi geçirdikten sonra askere gider ve döndüğünde evlenir. Evlendikten sonra o köy ortamında o kadar sert birisine dönüşür ki dedemin o zamanlarına tanık olan insanlar, hep Hacı İhsan Efendi çok sertti, çok sinirliydi derler. Hatta o zamanlar köyde çok konuşulan, dedemin de kabul ettiği bir şey vardı. Dedem genç yaşta, olur da ansızın ölürsem kimseye muhtaç olmadan gömülebileyim diye kendi kefenini almıştı. Çocukken yaşadığı yoksulluk ve travmalar dedemin içinde kimseye muhtaç olmama, kötü güne hazırlıklı olma ve aç kalma korkusunu perçinlemişti.

Hacı İhsan Efendi'nin dört erkek üç kız çocuğu olmuş. Belirli bir düzen içinde, kimseye muhtaç olmadan ve standartların çok aşağısına düşmeden yaşamışlar. Sonra babam ve amcamlar ilkokulu bitirdikten sonra Ankara merkeze gelip çeşitli yerlerde çıraklık yaparak hayatlarını kazanmaya başlamışlar. Birçok yerde çalışan dört erkek kardeş birbirlerine de destek olarak büyükşehir ortamında var olmayı başarmışlar. Hepsinin oturacak bir evi, bir taksisi olmuş. Babam ve amcamlar da hep dikkat ettikleri bir hayat kuralı benimsemişler: Sakın kimseye muhtaç olma. Hacı İhsan Efendi'nin torunlarının hepsi maddi olarak yüksek seviyede olmasa da, hiçbir maddi hayat zorluğu çekmeden büyüdü. Bir kısmı okudu, iyi yerlere geldi. Buraya kadar standart bir hikâye gibi duran şeyin benim hayata bakışım açısından ne kadar önemli etkileri olduğunu anlamam, kendimi keşfetme yönünde önemli bir adım oldu.

Üniversiteden mezun olup iş hayatına atıldıktan sonra, devamlı koşturmak ve bir şeyleri başarmak arzusu hep hayatımın merkezinde oldu. Her zaman bir hedefim oluyordu ve bu hedefi gerçekleştirmek için çok ciddi emek veriyordum. Ama ne zaman ki, o hedefi gerçekleştirirsem, o başarının keyfi çok kısa sürüyordu ve gündemime hemen yeni bir hedef geliyordu. Bu durum meslek hayatımın ilk yıllarında çok keyif veren bir şey olsa da, yıllar geçtikçe beni yormaya başladı. Kendimi sorgulamaya başladım; hedeflerime ulaşıyor olmamın bana daha iyi hissettirmesi gerekmez miydi? Neden hedefime ulaşınca hemen yeni bir hedef belirliyordum? Görünürde her şey yolunda giderken ben neden gergin hissediyordum? Bu sorgulamalar neticesinde, hedeflere ulaşma konusunun benim için bir tercih değil, zorunluluk olduğunu fark ettim. Sanki nefes almak için başka çarem yokmuş gibiydi. Bu zorunluluğun ve gerginlik duygusunun peşine düştüğüm zaman içimde bir yerlerde beni çok fazla etkileyen başarısız olma korkusunu keşfettim. Ama başarısızlık korkumun kişisel tarihimde bir nedeni yok gibiydi. Ve bir gün kardeşim Cihan'la dedemden bahsederken, o aydınlanma anını yaşadım. Evet benim başarısızlık korkumun kökeninde, aç kalma açıkta kalma ve başka kimseye muhtaç olma korkusunun yattığını fark ettim. Dedemin onlarca yıl önce yaşadığı derin korkular ve travmalar, ben o travmaları yaşamasam da, bir miras gibi beni de etkilemişti.

Hayatımda bu keşiften önceki halimi hırslı biri olarak tanımlayabilirim. Çünkü iyi hissettirmeyen bir şekilde devamlı içimdeki başarısızlık korkusunu bastırmak için, içimde sanki bir motor varmış gibi koşturuyordum. Bu durumu fark ettikten sonra, kendimi özellikle yavaşlatmaya başladım. Hedeflere ulaşma sürecini keyifli hale getirmeye, yolun tadını çıkarmaya odakladım kendimi. Bir hedefe ulaştıktan sonra hemen başka bir hedefe geçmemeye gayret ettim ve hâlâ ediyorum. Yaptığım işin sonucuna değil, anlamına odaklanıyorum.

Peki senin hayat mücadelenin enerjisi hırs mı azim mi? Ben ilk başta hırs tuzağına düşmüştüm. Bunu fark etmemle kendimi kurtarmam mümkün oldu. Benim ruhumdaki boşluk başarısızlık korkusuydu. Bu herkeste böyle değildir, belki kişisel olarak hissettiğin aşağılık kompleksi ve kendini kanıtlama arzusu, belki de kendini sevdirme çabası. Herkesin ruhsal boşluğunun ve hırsının kaynağı farklıdır. Yaşadığın şeyin hırs mı azim mi olduğunu, başarıya ulaştıktan sonraki ruh halini değerlendirerek anlayabilirsin. Eğer başarılı bile olsan hâlâ eksik bir şeyler var gibi hissediyorsan sen de hırs tuzağının içindesin demektir. Ancak sonuca ulaştıktan sonra ruhunu bir huzur kaplıyorsa ve bu durum uzun bir süre devam ediyorsa azimlisin diyebiliriz.

Yavaşlayabilmek

Hız çağında yaşıyoruz. Birçok ürün ve hizmet kendi reklamını yaparken hep hız özelliğini vurguluyor. Günümüz dünyası hızlı ve dolu dolu olmak zorunda gibi. Her an dolu dolu geçmeli, hayatın her saniyesini dibine kadar kullanmalı ve bir komando modu şeklinde yaşamalı gibi hissediyoruz. Bu hız tutkusu ve sonuç odaklılık herkesi bir teyakkuz halinde tutuyor; ya hayat geçip gidiyorsa ve onu tam anlamıyla yaşayamıyorsam, hayatı kaçırıyorsam korkusu sarıyor ruhumuzu.

Ben bu durumu bir araba içerisinde, uzun bir yolda, bir hedefe ulaşmaya çalışırken tüm gücümüzle gaza basmamıza benzetiyorum. Aslında çok güzel yerlerden geçiyoruz, görülecek çok güzel manzaralar, tanışılacak güzel insanlar var. Bu hız içerisinde hiçbirini fark etmiyoruz. Tek gaye, hedefe ulaşmak.

Ama hedefe ulaşınca bir de bakıyorsun ki, hayat gitmek istediğin, varmak istediğin sonuçların toplamı değil, yolun kendisiymiş. Sen hedefe ulaşmaya çalışırken, yolu kaçırıyorsun.

Hafta sonlarını, tatillerini, öğle aralarını bile maksimum verimlilikte yaşamak zorunda hissediyorsun. Gezilmedik şehir, görülmedik ülke, yenilmedik yemek, yapılmadık aktivite kalmamalı diyorsun. Bunların bir kısmı gerçekten ihtiyacımız olmayan şeyler de olabiliyor. Ve bütün bu aktivitelerin amacı onun tadını çıkartmaktan ziyade bir skor kazanma çabasına dönüşüyor. Bunu da yapmamış olmayalım diye düşünmek hoşuna gidiyor insanın. Eğer her şeyi yaparsak gerçekten yaşıyoruz gibi hissetmeye başladık. Bu sonuç ve skor odaklılık, depresyon ve kaygı bozukluğu gibi psikolojik problemlerin sebepleri arasında olabiliyor.

Hayatın her anını dolduramazsın, her an çok eğlenceli geçmez. Bazen sıkılırsın, hiçbir şey yapmak istemediğin anlar da olabilir. Bazen tembellik yapmak istersin. Sıkılmaktan korkma. Hayatının her dakikasını bir şeyle doldurmak zorunda değilsin. Her zaman bir şey yapmak zorunda hissediyor olman, çoğu zaman gerçekten öyle gerektiği için değil hayatı kaçırıyormuşsun yanılsamasına kapıldığın için.

Çok sevdiğim bir kitap olan *Simyacı*'da geçen bir hikâyeyi seninle paylaşmak istiyorum.

Bir tüccar mutluluğun gizini öğrenmesi için oğlunu insanların en bilgesinin yanına yollamış.

Delikanlı bir çölde kırk gün yürüdükten sonra, sonunda bir tepenin üzerinde bulunan güzel şatoya varmış. Söz konusu bilge burada yaşıyormuş. Bir ermişle karşılaşmayı bekleyen bizim kahraman, girdiği salonda hummalı bir manzarayla karşılaşmış. Tüccarlar girip çıkıyor, insanlar bir köşede sohbet ediyor, bir orkestra tatlı ezgiler çalıyormuş. Dünyanın dört bir yanından gelmiş lezzetli yiyeceklerle dolu bir masa da varmış.

Bilge sırayla bu insanlarla konuşuyormuş ve bizim delikanlı kendi sırasının gelmesi için iki saat beklemek zorunda kalmış. Delikanlının ziyaret nedenini açıklamasını dikkatle dinlemiş bilge, ama mutluluğun gizini açıklayacak zamanı olmadığını söylemiş ona. Gidip sarayda dolaşmasını, kendisini iki saat sonra görmeye gelmesini salık vermiş.

"Ama, sizden bir ricada bulunacağım" diye eklemiş, delikanlının eline bir kaşık verip, sonra bu kaşığa iki damla yağ koymuş. "Sarayı dolaşırken bu kaşığı elinizde tutacak ve yağı dökmeyeceksiniz." Delikanlı sarayın merdivenlerini inip çıkmaya başlamış, gözünü kaşıktan ayırmıyormuş. İki saat sonra bilgenin huzuruna çıkmış.

"Güzel..." demiş bilge. "Peki, yemek salonumdaki Acem halılarını gördünüz mü? Bahçıvanbaşının yaratmak için on yıl çalıştığı bahçeyi gördünüz mü? Kütüphanemdeki güzel parşömenleri fark ettiniz mi?"

Utanan delikanlı hiçbir şey göremediğini itiraf etmek zorunda kalmış. Çünkü bilgenin kendisine verdiği iki damla yağı dökmemeye çabalarken başka bir şeye dikkat edememiş.

"Öyleyse git, evrenin harikalarını tanı" demiş ona bilge. "Oturduğu evi tanımadan bir insana güvenemezsin."

İçi rahatlayan delikanlı kaşığı alıp sarayı gezmeye çıkmış. Bu kez, duvarlara asılmış, tavanları süsleyen sanat yapıtlarına dikkat ediyormuş. Bahçeleri, çevredeki dağları, çiçeklerin güzelliğini, bulundukları yerlere yakışan sanat yapıtlarının zarafetini görmüş.

Bilgenin yanına dönünce, gördüklerini tüm ayrıntılarıyla anlatmış. "Peki sana emanet ettiğim iki damla yağ nerede?"

diye sormuş bilge. Kaşığa bakan delikanlı, iki damla yağın dökülmüş olduğunu görmüş.

"Peki..." demiş bunun üzerine bilgeler bilgesi. "Sana verebileceğim tek öğüt var. Mutluluğun gizi dünyanın tüm harikalarını görmektir, ama kaşıktaki iki damla yağı unutmadan."

Hikâyenin de bize anlatmak istediği gibi, dengeyi muhafaza edebilmek önemli. Eğer sadece sonuca odaklanırsan, ruhunu besleyecek güzellikleri kaçırırsın, sadece güzelliklere odaklanırsan, gerekli mücadeleyi yapmazsın.

Değişim İçin Bazen Uyumsuz Olmak Gerekir

Hepimiz toplumsal bir sistem içinde yaşarız. Ailemiz, arkadaşlarımız, iş veya okul ortamımız. Bu toplumsal sistem içerisinde, bugüne kadar var olma şeklimiz neticesinde, insanlarla kurduğumuz ilişkiler belirli bir rutin içinde devam eder. Fedakâr bir insansan, çevrenle kurduğun ilişkiler de bu tema üzerinde şekillenir. Ve diğer insanlar seni bu yönünle tanırlar. Eğer çevrendeki insanları memnun etme gayretini hep ön planda tutan biriysen, sen kendini değiştirme yoluna girdiğinde, diğer insanlar bu durumdan memnun olmazlarsa, senin değişim çaban yarıda kalabilir. Çünkü insanların onayını ve sevgisini kaybetme riskine girmek istemezsin.

Hepimiz diğer insanlarla uyum içinde olmak isteriz. Böylece gruba dahil olur, kendimizi daha güvende hissederiz. Ancak uyumlu olma halini abarttığın zaman, harekete geçme noktanı kendin değil başkaları oluşturur. Böyle durumlarda kendini değiştirme, kendin adına karar alma gibi konularda bile hep aklında o soru oluşur: Acaba diğerleri ne düşünür?

Ama burada paradoksal bir durum vardır: Diğerlerinin ne dediğini çok umursadığın zaman, diğer insanlar için sıradanlaşırsın. Çünkü tahmin edilebilir ve ürkek kalırsın hayat içerisinde. Amacın kimseyi üzmemek ya da seni sevmeme gibi bir ihtimalin olmamasını sağlamak belki ama böyle yaparak kendin olmaktan uzaklaşırsın ve diğer insanlar sana daha az saygı duyar. Bence bu dünyanın en garip taraflarından biri bu. Kibar olmaya, ince bir insan olmaya, kimseyi kırmamaya çalışırsın ancak bu durumda da sen kırılırsın. Kimseyi üzmeden, kendine de zarar vermeden dengeyi bulabilmek zaman ve emek ister. Eğer bu dengeyi bulamazsan harekete geçme konusunda zorluklar yaşarsın.

Kendi değerini kendin oluşturabilirsin ancak. Eğer diğerlerinden değer görmek için onların istediği gibi olursan, değer görmek için dışa bağımlı hale gelirsin ve her zaman olduğu gibi dışa bağımlı olmak seni kırılgan ve bağımlı yapar. Kendin için atacağın adımlarda, bugüne kadar çevrende oluşan sisteme aykırı davranacağın için eleştiriler alabilirsin. İnsanlar seni eskisi gibi olmamakla, bencil olmakla, diğer insanları umursamamakla suçlayabilir. Uyumsuz birisi olduğun bile söylenebilir. Ama kendin olmaya giderken, hak ettiğin değeri kendi içinde keşfetmeye çalışırken bu tür şeyleri duymaya hazır olmalısın. Çünkü böyle yaparak var olan sistemi bozarsın, diğer insanların çıkarına ters hareket edersin. Doğal olarak onlar kendi çıkarlarını korumak isteyeceklerdir. Onlardan aldığın bu tür geri dönüşleri attığın adımların olumsuz geri dönüşleri olarak değil değişimin doğal sancıları olarak yorumlarsan daha kolay atlatabilirsin.

Sen kendi kendine yetme konusunda adımlar attıkça ilk başta seni uyumsuz olmakla suçlayanlar, sonrasında senin sınırlarına ve özgünlüğüne saygı duyacaklardır. Çevreni dikkatle incelersen, diğer insanlar tarafından gerçekten önemsenen insanların büyük bir kısmının özgün duruşları ve prensipleri olan insanlar olduğunu fark edeceksin.

Dışarıdan İçeriye Doğru Değişim

Değişimin nereden başlayacağı konusunda birçok insanın kafası karışık olabilir. Zihinsel anlamda dönüşüm olmadan davranışlarda değişim olmaz ancak sürecin tamamını da zihinsel olarak planlamak davranışsal anlamda değişim için yeterli gelmemektedir. Bu sürece en iyi örnek, psikoterapi sürecidir. Birisi kendisinde hatalı gördüğü düşünce ve davranış kalıplarını sadece konuştuğunda, bunu konuşmak iyi gelse de değişim için yeterli motivasyonu elde edemeyebiliyor. Ama zihinsel dönüşümle birlikte bu kişinin tam olarak hazır olmadığı ortamlara ve davranışlara aşamalı olarak ulaşması sağlanırsa değişim daha kolay ve sürekli oluyor.

Birçok insan zihinsel anlamda her şeyi hallettikten sonra çabasını davranışlara dökme konusunu kendisi için daha kolay bulur. Çünkü teoride, zihinsel olarak hazırsan, her şeyi yapmak çok kolaydır gibi bir algı var. Ancak zihinsel olarak hazır hale gelmek çok uzun sürebiliyor ve eğer sadece zihinsel anlamda çaba gösteriliyorsa maalesef bazen hiç olmayabiliyor. İşte değişim yolunda, kişinin kendisinin farkına varması zihinsel anlamda ilk farkındalığı olacaktır. İnsan sorun olduğunu bilmediği bir şeyi değiştiremez. Ama bu durum sadece başlangıç için önemlidir. Sonraki sürecin sadece zihinde gerçekleşmesini beklemek, çok da işlevsel olmayabilir. Özellikle depresyon gibi problemlerde insan doğru olanın ne olduğunu bilir ancak harekete geçme noktasında tam olarak karar veremez. İçinde hissettiği isteksizliği doğru kabul eder ve harekete geçmez. Aslında mantıklı tarafı harekete geç dese de, isteksiz olduğu için harekete geçmez.

Hazır olmasan da, isteksiz de olsan, değişim için bir şekilde harekete geçmelisin. Özellikle değişim konusunda, kervan biraz da yolda düzülür. Tam anlamıyla motive hissetmeyebilirsin harekete geçmek konusunda. Ama ben motivasyon konusunun abartıldığını düşünüyorum. Sanki herhangi bir adım atmak için her zaman motivasyona ihtiyaç varmış gibi bir algı oluştu son zamanlarda. Ancak motive hissetmesen de, harekete geçebilirsin. Hazır olmasan da harekete geçebilirsin. İçsel anlamda hazır olmasan bile davranışsal anlamda yaptığın değişiklikler, içini de değiştirecektir. Çünkü davranış konusunda yapılan her değişiklik, içimizde bir yerlerde yankısını her zaman bulur. Bir vaka örneği vermek istiyorum sana:

Rabia, uzun süren bir kanser döneminden sonra bir yıl önce annesini kaybetmiş ve sonrasında çalıştığı işten ayrılmıştı. Aslında hemen vazgeçmemişti işe gitmekten. Ancak ilk zamanlar kendisini ne kadar zorlasa da, işe gittiği zaman dilimlerinde kendi ifadesine göre sanki mengeneye sıkışmış gibi hissediyordu. Bir süre daha dayanmaya çalıştıktan sonra, sonunda vazgeçmiş ve işini bırakmıştı. Sosyal çevresinin büyük bir kısmı, uzun yıllardır çalıştığı işyerindeydi. İşinden ayrılınca, doğal olarak sosyal çevresinden de uzaklaşmıştı. Annesinin yokluğu zaten yeterince dayanılmazken, işinden de ayrılınca tamamen kendi içine dönmüştü. Rabia evin tek çocuğuydu. Annesini kaybettikten sonra, babasıyla ikisi kalmıştı sadece. Ankara'da hiç akrabaları yoktu. Babası ve o burada tamamen yalnızdı diyebilirim. Rabia'nın bazen bir iki hafta evden çıkmadığı bile oluyordu. Sabahları kalkıyor babasıyla kahvaltı yapıyor, sonra bazen babasıyla TV izliyor ama vaktinin büyük bir kısmı, kendi odasında düşünmekle geçiyordu. Rabia iyi bir eğitime sahipti, işinde de çok başarılıydı. Ancak çalışmadığı süreçte kendine olan güvenini kaybettiğini hissediyordu, sanki o güzel günler geride bir yerde kalmış ve bir daha hiç gelmeyecek gibiydiler. Tam ümidini kaybetmeye yakın zamanlarda bana geldi. İş hayatında eskiden çok samimi olduğu bir arkadaşı seni hiç iyi görmüyorum demiş ve beni önermişti. Biz çalışmaya başladıktan sonra, Rabia içinde bulunduğu durumun depresyon olduğunun farkına vardı. Bir süredir geleceğe yönelik hiçbir beklentisi kalmamıştı, sanki her şey daha da kötüye gidecek gibiydi. Kendini artık hiç beğenmiyordu. Eskiden saat kurmadan erkenden kalkan Rabia, şimdi babası seslenmese gün boyu uyuyacak durumdaydı. Kilo almıştı ve kendi vücuduna baktıkça kendinden nefret ettiğini hissediyordu.

Rabia ile ilk etapta içinde bulunduğu durumun farkına varması konusunda ilerledik. Bu ilk tohum gibiydi. Sonraki süreçte sadece düşüncelerden ve geçmişten konuşmak rahatlatıcı olsa da, birkaç seans sonra artık harekete geçme zamanı gelmişti. Eskiden ona keyif veren şeyleri belirledik. Neler Rabia'yı heyecanlandırıyordu, neler keyif veriyordu, neler mutlu ediyordu? Tek tek listeledik. Ama bir sorun vardı, Rabia eskiden keyif aldığı şeyler konusunda, şu an isteksiz olmasının depresyondan kaynaklandığını mantıken anlıyordu ama yine de isteksizdi. Bu isteksizliğin bir algı yanılsaması olduğu konusunda anlaştık ve acı çekse de zor gelse de, eskiden keyif aldığı şeyleri en kolayından başlayarak tekrar canlandırmaya ve hayatında uygulamaya başladık. İlk başta bu durum Rabia'yı çok zorladı. O zorlandıkça ben ona sanki keyif alıyor gibi rol yapmasını önerdim. Arkadaşlarıyla buluşması, günlük yürüyüşler yapması, bir iki kez sinemaya gitmesi konusunda biraz ısrarcı oldum.

İlk başta sadece bunları yapma konusunda istekliymiş gibi rol yapıyor olmasına rağmen bir süre sonra rol yaptığını unuttu ve gerçekten bu etkinliklerden keyif almaya başladı. Evdeki karanlık atmosferden çıktıkça, kendini eskiye oranla daha iyi hissetmeye başladı. Rabia'nın değişiminin kıvılcımı düşüncelerde başlamıştı ancak alev alması davranış değişiklikleri ile olmuştu. Gerçekte öyle hissetmese de, istekliymiş gibi kendisini davranışsal olarak zorlaması bir süre sonra gerçeğe dönüştü.

Senin için de geçerli bu durum. Hangi konuda değişim yoluna çıkacak olursan ol, bir süreliğine sanki çok istekliymiş gibi rol yaparsan ve kendini zorlarsan bir süre sonra yaptığın rolün gerçeğe dönüştüğünü görebilirsin. Değişimin tohumu zihinde atılır ama suyu davranışlarla verilir. Tohumu atıp öylece beklersen sonuca ulaşman hiçbir zaman mümkün olmayabilir. Zihinsel olarak hazır olmayı bekliyorum diyerek kendini kandırma, hazır olmadığın şeylerde kendini zorlayarak gelişebilirsin ancak.

Aksini Hissetsen de Gerekeni Yapmalısın

Kendi dışında olup bitenler konusunda keskin bir gözlemci olan insan, kendi içdünyası söz konusu olduğunda bir körleşme yaşayabiliyor. Çoğu zaman içinde ne olup bittiğini, yaptığı davranışları neden yaptığını, neyin doğru neyin yanlış olduğunu bilmeyebiliyor ya da bildiğini zannediyor. Kendi içsel dünyasına ve davranışlarına dışarıdan bakabilse kendisine dair birçok şeyi fark edebilecekken, sadece anlık olarak kendini değerlendiriyor. Halbuki insanlar, genelde, benzer davranışlar ve düşünceler gösterme eğilimindedirler. Hayatındaki normalden daha iyi ve daha kötü olayları derinlemesine analiz edersen, bu olayların birçok ortak noktası olduğunu fark edebilirsin.

Kendi kendimizi analiz edemememizin en büyük nedenlerinden birisi içimizdeki duyguların ve düşüncelerin rüzgârında kaybolmamızdır. Dünyaya dair hislerimiz bize fikir verse de gerçekleri algılamamız konusunda bazen bizi yanlış yönlendirebilir. Hatırlıyorsan, daha önce kötü hissettiğimiz zamanlarda içinde bulunduğumuz koşulları olduğundan kötü, iyi hissettiğimizde ise olduğundan iyi algılayabildiğimizden bahsetmiştim. Duyguların bizi yönlendiriyor olması değişim konusunda yaşadığımız büyük engellerden birisi oluyor her zaman.

Bugüne kadar ortaya koyduğun davranışlar, uzun süredir yaptığın için bir alışkanlık haline gelmiş ve sana konforlu bir alan sağlamıştır. Bir madde bağımlısını düşünebilirsin: Madde kullanımı ona çok zarar verse de madde kullandığı zaman kısa süreli bir rahatlama yaşar kullanan kişi. Kendinde değiştirmek istediğin bütün her şey, senin içinde uzun zamandır olduğu için, onları değiştirmeye çalıştığında duygular konusunda problem yaşarsın.

Diyelim ki, birlikte olduğun kişiyle her kavga ettiğinde onunla ayrılma kararı alıyorsun ve ondan uzaklaşıyorsun. Ama gerçekte bu kişiyi sevdiğin halde ani bir kararla, sadece duygularını baz alarak hareket ettiğin için, bir süre sonra tekrar geri dönüyorsun. Ancak normal kavgalarda bile, bu terk etme arzusunu yoğun bir şekilde hissettiğin için, sıklıkla ayrılıp barışıyorsunuz ve bundan dolayı ilişki yıpranıyor. Ve sen bunu fark ettiğinde, ne olursa olsun eskisi gibi davranmayacağım ve ayrılacağım böyle kavgalarda diye bir karar alıyorsun. O kavga anı geldiğinde, içinde çok yoğun bir his beliriyor, ayrıl, bırak git diye. Bu hissiyatın yoğunluğuna göre, doğru şey o an bırakıp gitmek gibi gelebilir. Ama sen böyle hissetsen de aksi şekilde kendini kalmaya zorlamalısın, yani mantığının söylediğini dinlemelisin.

Diyelim ki mükemmeliyetçi bir yapın var. Ve bu özelliğinden dolayı, ayrıntılarla boğuşuyorsun, en iyiye ulaşmak isterken basit işleri bile tamamlamakta zorlanıyorsun. Bu özelliğini değiştirmek için yola çıktığında, içinde sanki bir şeyleri yanlış yapıyormuşsun gibi bir his belirebilir. Ve bu his seni eski mükemmeliyetçi kişiye dönüştürmeyi ister. Ama sen bu hissiyata karşı koyup, mantıklı bulduğun şekilde davranmalısın.

Bütün değişim çabalarında, var olan konforlu alanın senin değişim çabana direnç gösterecektir. Bu direnci mantıklı bir mazeret olarak görürsen, eski haline çok çabuk dönersin. Değişim ancak bu karşı koyan hislere rağmen ısrarcı olunduğunda elde ediliyor.

Arka Bahçen Var mı?

Sen de muhtemelen birçok diğer insan gibi sadece hayatın gerekliliklerini ciddiye alıyorsun. İşin, ailen, toplumsal gerekliliklerin... Yani yaptığın birçok şeyin bir gerekliliğe ihtiyacı var, somut olarak sana direkt katkısı olmayan bir şeyi yapmayalı uzun zaman olmuş. Her geçen zamanla beraber yaptığın her şey ciddileşmeye başlıyor ve yetişkin dünyana hapsoluyorsun. Zorunluluk haline gelen her şey seni zorlamaya ve ruhunu yormaya başlıyor. Ama yapacak bir şey yok bu konuda, hayatını idame ettirebilmek için bunlar yapılması gereken şeyler. Peki zorunlulukların haricinde yani hayatını devam ettirmek için yaptığın şeyler haricinde, bir sonuç ya da çıkar beklemeksizin kendin için en son ne zaman bir şey yaptın? Bu soruya hemen cevap vermemeni istiyorum, lütfen biraz düşün; en son, sadece kendin için, bir sonuç beklemeksizin ne zaman bir şey yaptın?

"Zevklerimi ciddiye alırım, sıkı çalışır iyi eğlenirim; hayatta dengeye inanırım." Oprah Winfrey

---

Hayatın bir yol olduğunu bu kitap boyunca sıklıkla vurguladım. Yol örneğinden devam edersek, bu yol süresince, rüzgâra, yağmura, toza, soğuğa ve sıcağa maruz kaldın ve kalmaya devam edeceksin. Doğal olarak yorulacaksın, yıpranacaksın. İnsan olmak böyle bir şey. Peki yorgunluk esnasında zorlandığın zamanlar için, kendini toparlayacağın, enerjini yenileyeceğin bir alan iyi gelmez miydi sana? Düşünsene çöl gibi bir yerdesin ve bir vahayla karşılaşıyorsun. Yemyeşil ağaçlar ve soğuk su var. Çölün yakıcı güneşinden uzaklaşıp, ağaçların gölgesinde dinleneceksin ve kana kana soğuk sudan içeceksin. Hayal etmesi bile güzel. Çölde yol almak, hayattaki zorunlulukların ve zorluklarla yaşamaya çalışmak. O hayal etmesi güzel vaha ise, senin gerçek hayattan uzaklaşıp kendin için bir şeyler yaptığın arka bahçen olacak. Yolda yoruldukça arka bahçende kendini tazeleyeceksin. Tazelendikçe yolda daha enerjik ve hevesli olacaksın.

Çevremdeki insanları incelemeyi ve onlara soru sormayı çok severim demiştim. Özellikle enerjisi yüksek ve hayata olumlu gözlerle bakan insanların, arka planlarını sorduğumda, çoğunun kendisine özel bir arka bahçesi olduğunu keşfettim. Uzun yıllar kamuya bağlı bir devlet hastanesinde çalıştım. Burada genel olarak iki tip insan vardı, dünyasının tamamı hastane olan insanlar ve hastane dışında da keyif aldıkları bir arka bahçesi olan insanlar. Ruh halini anlamadan ve hatta hiçbir soru sormadan, uzaktan izlediğin zaman bile anlayabilirdin bu iki tip insan arasındaki farkı. Birisinin yüzündeki gerginlik ve mutsuzluk çok uzaktan belli olurken, diğerinin gözleri parlardı. Hayatı sadece hastaneden ibaret olan insanlar, sadece hastaneyi konuşur, hastane içindeki dedikodulardan, işlerden, iş zorluklarından bahsederken, diğer insan tipi hastaneden çıktığı zaman hastaneyi unuturdu. Kendisini yenileyeceği bir arka bahçesi vardı bu insanların.

Belki bu satırları okurken içten içe bana öfkeleniyorsun. Kendin için bir şey yap, arka bahçen olsun demek kolay diyeceksin belki de. Ben de senden çok farklı durumda değilim sevgili dostum. Hepimiz birbirimize benziyoruz. Ben arka bahçen olsun derken, sörf yap ya da golf oyna demiyorum. Ekstrem sporlarla uğraşmana, dünyayı gezmene de gerek yok. Biliyorum çok yoruluyorsun, çok çalışıyorsun, eve bitmiş halde geliyorsun. Bir arka bahçen olması için çok uzun boş zamanlara da gerek yok. Sen bunun sana iyi geleceğini bil ve niyet et gerisi kolay.

Hastanede beraber çalışırken gözlemlediğim arka bahçesi olan insanların neler yaptığını sorguladığım zaman, çok ilginç sonuçlarla karşılaşmıştım. Bir hemşire dostumuz, evindeki çiçekleri o kadar seviyordu ki, orkidelerinden bahsederken yavrularım diyordu. Bir laborant, evdeki eski mobilyalarını boyayıp yeni hale getirmeye çalışıyordu ve çok güzel sonuçlar alınca akrabalarının mobilyalarını bile boyamıştı. Benim de dahil olduğum bir grup, her pazar sabahı Ankara'nın arka sokaklarında fotoğraf çekmeye çıkıyorduk. Hepimiz küçük küçük şeylerden zevk alıyorduk. Arka bahçen olması için kocaman ve pahalı şeylere gerek yok. Kısa zaman dilimlerinde, sana zamanı unutturacak minicik şeyler bile senin arka bahçen olabilir.

Arka bahçeni oluştururken geçmişine bakabilirsin. Eskiden neyi yaparken çok keyif alırdın? Ne ile uğraşırken zamanı unuturdun? Bu soruların cevapları sana rehber olacak. Yorgunum uyumak istiyorum deme. İhtiyacından daha fazla uyumak, TV başında pineklemek, cep telefonunda oyun oynamak seni dinlendirmez. Fiziksel anlamda keyif veren, kâr amacı gütmeden keyif aldığın için yaptığın şeyler bulmalısın ve yapmalısın. Bunları yaparken aktif olarak dinlenirsin. Aktif dinlenmede hem bedenin hem de zihnin dinlenir.

Baki Kalan Bu Kubbede Bir Hoş Sada İmiş

Bu başlık, 1500'lü yılların İstanbul'unda yaşamış şair Baki'nin bir şiirinden bir dize. Bu cümleyi hayat felsefemin özeti olarak söyleyebilirim sana. Ne yaparsan yap, kendinle beraber başkalarına da faydan olsun. Kendini düşün ama diğerlerini de düşün. Ve sen bu dünyadan gittikten sonra bile, bu dünyada söylediklerinin hoş bir yankısı kalsın. Bu yazdıklarımı böyle olması ümidiyle yazdım. Hayatının çok küçük bir kısmına sözlerimle eşlik ettim. Sana aslında bilmediğin bir şey söylemedim, sadece bir zamanlar bildiğin ama ya unuttuğun ya da cesaret edemediğin için uygulayamadığın şeyleri sana hatırlatmak ve cesaret vermek istedim.

Bir hayat yolcusu olarak, bu yolda diğer insanlara iyilik yapabilmek için önce kendin iyi olmalısın. Diğer insanlarla sağlıklı ilişkiler kurabilmek ruhsal iyiliğin için çok önemli ama ilişkilerini her zaman bir denge içinde sınırlarını koruyarak devam ettirmelisin. Sana uzun süredir zarar veren insanları, sana zarar veremeyecekleri mesafelere kadar kendinden uzaklaştırmalı, çevrende mümkün olduğunca iyi hissettiren insanlar biriktirmelisin. Diğer insanların sana yaklaşımının en temelinde belirleyici olan şeyin, senin kendinle ilişkin olduğunu aklından çıkarmamalısın. Sen kendine değer verirsen diğer insanlar da sana değer verir. Sen kendine değer vermedikten sonra, herkes seni sevse bile içindeki boşluk tam anlamıyla dolmayacaktır.

Kendine şefkatle ve anlayışla yaklaşmak en önemli kurallardan biri. Kendini tanımlarken, içsesinle konuşurken, küçümseyici ve yetersiz gören ifadeler kullanırsan, kendine acımasız davranırsan, bir süre sonra kendini tanımladığın insana dönüşmeye başlarsın: Aşağıladığın, yetersiz gördüğün o insana. Bu nedenle, kendini tanımladığın sözcüklere dikkat etmelisin.

Sana bugüne kadar anlatılan, her şeyi yapabilirsin iddialarının görünüşte iyi hissettirdiğini ama içinde bir yerlere zarar verdiğini unutmamalısın. Sen insansın; hem âciz hem güçlüsün. Nerede güçlü olabileceğini, nerede gücünün yetmeyeceğini bilmek en büyük erdemlerden birisi. Her şeyi yapamazsın, her şeye gücün yetmez. Bazen yorulursun, bazen seni aşan şeyler olabilir, bazen de zamanı gelmemiştir. Hayallerine âşık ol ama karşılık bulamayacağını anladığın zaman vazgeçebilmeyi de bil.

Her zaman mutlu olman mümkün değil. Bazen mutlu olursun bazen mutsuz ama çoğu zaman aralarda bir yerdesindir. Ruhunun içinde kendini belli eden her duyguyu kabullen, hiçbirini bastırma ve duygularının sana anlatmak istediklerine kulak ver. Her birinin bir anlamı var. Bastırmaya çalıştığın duygular seni rahatsız edecek ve dengeni bozacaktır.

Hayatın engebelerinde kabullenme konusunu iyi düşün. Yeterince çaba harcadım mı, elimden geleni yaptım mı? Eğer cevabın evetse, var olanı kabullenme zamanın gelmiş demektir. Böyle bir noktadan sonra direnç göstermek problemlerini çözmediği gibi, seni sorunlu alana hapsedecektir. Uyguladıkça fark edeceksin, kabullenmek demek özgürlük demektir.

Değişim yolu uzun bir yol. Bugünden yarına değişmeyeceksin. Ne dedik daha önce, iki adım ileri bir adım geri. Sen istikrarlı ol yeter. Bu değişim yıllar alsa bile, her geçen gün bir öncekinden biraz daha farklı olacaktır. Kendini diğerleriyle değil kendinin önceki haliyle kıyaslarsan doğru bir sonuca ulaşabilirsin.

Gerçekte inanmadığım, kendi zihin dünyamda uygulamaya çalışmadığım bir şeyi anlatmadım sana. Bugüne kadar yolumun kesiştiği binlerce insandan çok fazla şey öğrendim. Ama insan denen kitabı okumayı öğrenme konusunda hâlâ yolun başında olduğunu hissediyorum. Bu yolda bir süreliğine birbirimize eşlik ettik. Ben bu kitabı sadece bir kişiye anlatıyormuşum gibi yazdım. Sadece sen ve ben vardık sen bu kitabı okurken. Umarım ruhunda bir yerlere temas edebilmişimdir. Neydi o güzel cümle: *Baki kalan bu kubbede bir hoş sada imiş...*

Kendine iyi davran güzel insan, görüşmek üzere...

Kendime Notlar: ....

....

....

....

....

....

....

....

....

....

....

....

....

....

....

....

....

....

....

....

KABALİST BİLGELİĞİN KAYNAĞI

ZOHAR'IN

Temel Öğretisi

RAV P. S. BERG

Ezoterizm/Çev. İsmail Erk Deliormanlı/280 sayfa/ISBN 978-625-441-064-2

Zohar, Kabala'nın temel metnidir.
Kabala ise tüm insanlığın manevi mirası...
İçimizdeki potansiyelden tam anlamıyla faydalanmak istiyorsak, gündelik bilinçle içsel dönüştürücü güçler arasında bir tür köprüye gereksinim duyduğumuzu söyler Kabala. Zohar tam da bu köprüdür işte. Binlerce yıldır hiçbir kitap, Zohar'dan daha fazla gizem barındırmamış ve yine hiçbir kitap insanlığa daha büyük bir bilgelik sunmamıştır.
Seçkin kabalistlerden Rav P. S. Berg, Zohar'ın Temel Öğretisi adlı bu kitapta kötülük, kurtuluş, insan ilişkileri, zenginlik, yoksulluk ve diğer temel meseleler hakkındaki öğretilere hem pratik hem de çağdaş bir bakış açısıyla yaklaşıyor. Rav Berg, insanlığın en eski ezoterik manevi bilgi kaynağından süzdüklerini, ebedi bilgeliğin damıtılmış hali olan öğretilerin ilkelerini, günlük yaşamlarında kutsallıkla uyum içinde kullanabilmeleri için farklı inançlardan her insana ulaştırmayı başarıyor.

Zohar hem günlük yaşamımızın kalitesini artırarak hem de ruhlarımızın evrimini hızlandırarak bilincimizde bir devrim yaratır. Şüphe yerine emin olmayı, karanlığın yerine Işık'ı koyarak, fiziksel dünyanın dayattığı sınırları ortadan kaldırır. Onunla nereden olduğumuzu, nerede olduğumuzu ve ne olacağımızı; yani şimdiki zamanı, geçmişi ve geleceği bir arada görürüz.
Zohar, kelimenin tam anlamıyla bir paratonerdir. Yaratıcı'nın Işığı'nı üzerimize çeker ve bizdeki ışığı açığa çıkarır. Böylece içimizdeki karanlığı ortadan kaldırır, zira karanlık ışıkla bir arada var olamaz ve özü kopukluk olan kaos, üst dünyalarla gerçek bağlantı kurulduğunda varlığını fazla sürdüremez.

Zohar salt kâğıt ve mürekkep değil, özenle parlatılmış bir mücevherdir.

DÜNYANIN EN ÇOK OKUNAN EZOTERİK KİTABI

ÜÇ İNİSİYE

Hermetik Felsefe ve Yedi Kozmik Yasa

KYBALION

Felsefe/Çev. Sinan Terek/144 sayfa/ISBN 978-605-311-466-6

"Öğrencinin kulakları duymaya hazır olduğunda, onları bilgelikle dolduracak dudaklar kendiliğinden gelir."

Gerçekten düşündüğün şeyin anında gerçekleşmesini
sağlama gücüne sahip olmayı istiyor musun?
Bunun için gereken iradeye sahip ve kendine hâkim misin?
Eğer gerçeği almaya hazır hale geldiysen bu kitap seni bulacaktır.
Yasa gereği dudaklarla kulaklar, öğrenciyle kitap buluşacaktır.

***

Kybalion, yazıldığı 1908 yılından itibaren kadim Mısır'dan bugüne kuşaktan kuşağa aktarılan gizemli "Hermetik Öğretiler"i ve "Yedi Kozmik Yasa"yı anlatan, ezoterizmle ilgilenen herkesin kütüphanesinde mutlaka bulunması gereken bir kaynaktır.

Nicole Kidman, Paris Hilton, Donal Trump, John Travolta, Sylvester Stallone, Julia Roberts ve Brad Pitt'in mentörü

DR. JOHN DEMARTINI

DÖNÜŞTÜREN DENEYİM

Kişisel Gelişim/Çev. Ayşe Deniz Yurdakul/288 sayfa/ISBN 978-605-311-987-6

Kişisel Gelişime Devrimci Bir Yaklaşım

Evrensel prensipler sadece bilimle sınırlı değildir. Evrenin yasalarını inceledikçe sanat ve bilimden tutun çeşitli dinler ve felsefelere kadar her farklı alanın altında yatan benzer bir düzen olduğunu görebilirsiniz. Bu düzen zamana karşı dayanıklıdır. O, bizi hakiki potansiyelimize ulaştırmak ve uyandırmak için oradadır. DÖNÜŞTÜREN DENEYİM kitabının temelleri de işte bu noktada gizli...

Geliştirdiği devrim niteliğindeki kişisel gelişim metodolojileri dünya üzerindeki milyonlarca kişinin hayatını değiştiren yazar ve davranış bilimci Dr. John Demartini aynı zamanda Nicole Kidman, Paris Hilton, Donal Trump, John Travolta, Sylvester Stallone, Julia Roberts, Brad Pitt gibi ünlülere de mentörlük yapıyor. Gerçek doğamızı deneyimleyebilmek için önümüze çıkan bariyerleri nasıl yıkacağımızı tüm incelikleriyle bu kitapta aktaran Dr. Demartini, aydınlatıcı bilgeliğiyle bilim ve felsefeyi herkesin anlayabileceği bir dille anlatmak konusunda da gerçek bir usta...

DÖNÜŞTÜREN DENEYİM, hayalleri gerçeğe dönüştürmenin formülünü veriyor. Hayatımızın her alanında sevgi ve takdir kazanmamızı sağlayacak, daha derin ve daha şefkatli ilişkiler kurmamıza yardımcı olacak, gerçek dehamızı ortaya çıkartacak, ölüm olgusuyla ilgili korku ve yanılsamalarımızı ortadan kaldıracak ve varoluşumuzla ilgili ana planımızı hayata geçirecek ilham verici bir rehberlik sunuyor.

Bu, sadece bir kitap değil, adından da anlaşılacağı üzere bir deneyim. Bu deneyimi yaşarken duygulanmamak, zorlanmamak ve değişmemek mümkün değil.